Senator Franz Fiedler

mit Dank für die guten Neujahrswünsche
als Fackelnhen geht aus meinem Amts-
scheid, bestätigt er mit den Worten:
"die Gesellschaft il mondo."
leider meine 1979 geäußerte These
von der Parteienhutseunindung

Lothar Bossle

Lothar Bossle
Vorwärts in die Rückgangsgesellschaft

LOTHAR BOSSLE

Vorwärts in die Rückgangsgesellschaft

Zur Soziologie der Fortschrittsermüdung

VERLAG
JOHANN WILHELM NAUMANN
WÜRZBURG

CIP-Kurztitelaufnahme der Deutschen Bibliothek

Bossle Lothar:
Vorwärts in die Rückgangsgesellschaft: zur Soziologie d. Fortschrittsermüdung / Lothar Bossle. – Würzburg: Naumann, 1979. –
ISBN 3-921155-78-9

Alle Rechte beim Verlag Johann Wilhelm Naumann, Würzburg
Gesamtherstellung: Fränkische Gesellschaftsdruckerei Würzburg

Für Erik,
meinem jetzt neunjährigen Sohn,
im leidenschaftlichen Wunsche,
sein kindlicher Lebensoptimismus
möge nie in historischen
und europäischen Pessimismus umschlagen.

Inhaltsverzeichnis

Vorwort 9

ERSTER TEIL

1. Europäische Geschichte – Dynamik oder Fortschritt? 17
2. Reflexe der politischen und sozialen Systemkrisen in unserer Zeit 23
3. Ein Stabilitäts- und Kontinuitätsvergleich: Demokratien, autoritäre und totalitäre Diktaturen, Erziehungsdiktaturen 30
4. Die unerwartete politische Zeitmode: es gibt immer mehr Militärdiktaturen 40
5. Demokratietendenz und industrielle Dynamik – kein Anlaß zum Optimismus 49
6. Ungeduld als Systemkritik – Die Brecheisen der Guerillas verändern keine Strukturen 52
7. Industrielles Know-how für feudale Strukturen Lateinamerikas? Sozioethnische und soziokulturelle Probleme in den lateinamerikanischen Gesellschaftsstrukturen 56
8. Europäischer Technologietransfer für die Dritte Welt – Der europäische Mythos der Geradlinigkeit, der Totalität und der Übertragbarkeit 62

9. Von der Vermassung zur Entmassung 73

10. Die ungesicherte und gefährdete Demokratie . . 80

11. Historische und soziologische Voraussetzungen sozialistischer Transformationsstrategien von Marx bis zu den Ereignissen im Iran – das Bündnis von Revolutionären und Mönchen 86

ZWEITER TEIL

12. Soziologie als Erkenntniswissenschaft 99

13. Soziologie – eine Sozialreligion? 102

14. Der Mißbrauch der Philosophie als Handlungswissenschaft 110

15. Die Theologie muß Transzendenzwissenschaft bleiben 117

16. Die Übertragungssucht der Naturwissenschaften . 122

17. Der neue Mensch – das genetische Monster . . . 128

18. Die Integration des Menschen in die Harmonie von Wohnung, Arbeit und Landschaft 136

19. Rückkehr zu einer Soziologie als Maß und Erfahrung 147

20. Geschichts- und Kultursoziologie als Bedingung moderner Demokratieforschung 160

Literaturverzeichnis 171

Autorenverzeichnis 179

Sachverzeichnis 185

Vorwort

Die siebziger Jahre unseres Jahrhunderts sind gekennzeichnet durch die Nachhutgefechte enttäuschter Optimisten, die nicht wahrhaben wollen, daß dem von ihnen verfochtenen Fortschrittskonzept die Bestätigung versagt blieb. Und die achtziger Jahre bergen nach der bemerkenswerten Aussage von Carl Friedrich v. Weizsäcker trotz immens geförderter Friedens- und Konfliktforschung noch mehr Risiken und Gefahren in sich.
Da die Vergegenwärtigung von Gefahren allzugern verdrängt wird, bleibt eine solche Einsicht auch höchst selten. Wir erleben daher groteske Seiltänzerakte, indem sich theoretische Kämpfer für geschichtsdynamische Utopien in statischer Verkrampfung von ihren existentiellen Illusionen nicht befreien können. Auch brutale Ereignisse, die ideologisch nicht vernebelte Menschen zur Aufgabe früherer Ansichten veranlassen, führen bei eingeschworenen Fortschrittstheoretikern nur zu einem kurzen Innehalten. So berichtet der Publizist Istvan Oeris, daß Georg Lukács angesichts des sowjetischen Einmarschs in Prag 1968 »für einen Augenblick nahe daran war, den ganzen 1917 begonnenen Versuch als gescheitert anzusehen«. – Aber eben nur für einen Augenblick, um dann bis an sein Lebensende an den »reinen Marxismus« weiterhin zu glauben.
Die Fortschrittsmystik ist eben Ersatzreligion; widerlegter Optimismus durch den Eintritt von Ereignissen, die eigentlich zu Veränderungen im Verständnis des historischen Ge-

schehens führen müßten, bringt dessenungeachtet Fortschrittstheoretiker nicht zum Verlust ihres Vorurteils.

Sie bleiben selbst das dankbarste Objekt der Wissenssoziologie; denn sie erleichtern die Untersuchung, wie emanzipatorische Ideen durch die Kraft der Verharrung den Staub reaktionärer Tendenzen hinterlassen können. Das Ausmaß an ideologieträchtigem Doktrinarismus in der Denkweise eines Menschen läßt sich am ehesten an der Nähe oder Ferne zur Wirklichkeit messen.

Die entscheidende Frage, welche in diesem Buch sich immer wieder stellt, ist daher: stimmt das Fortschrittskonzept über den Ablauf der Geschichte, wie es seit der Entstehung der Philosophie der Aufklärung einen verführerischen Platz im Bewußtsein des Menschen eingenommen hat, mit der Wirklichkeit überein?

Die Bilanz einer seit 200 Jahren gepflegten Fortschrittstradition in Theorien und Utopien ergibt nach bisher vorliegender Geschichtserfahrung, daß sich die Annahme, Geschichte sei ein Prozeß fortwährenden Fortschritts, nicht bestätigt hat. Wie lange kann es in unserer komplizierten und darum anfälligeren Welt noch verantwortet werden, daß scheinbare Fortschritte in sozialen und politischen Entwicklungen sich jeweils und recht bald als Rückgang auf überwunden geglaubte Formen der Herrschaftsausübung entpuppen. Frank Thiess hat 1965 schon daran erinnert, daß Hermann Graf Keyserling in seinem Buch »Reise durch die Zeit« den Totalitarismus Stalins und Hitlers als eine »Verführung durch den Teufel« ansah, die gelinge, da es beide verstanden hätten, ihre Absichten als »Fortschrittlichkeit« zu tarnen.

Ist dieser Tarnungserfolg durch vorgegebene Fortschrittlichkeit nicht auch heute noch eine abgesicherte Spekulation? Der umgehängte Mantel der Fortschrittlichkeit genügt, um ein gewalttätiges Regime aus der internationalen Beachtungszone und Entrüstungsszenerie herauszulösen. Daraus ist eine Absurdität entstanden: Die Länder mit eti-

kettiertem »Fortschritt« befinden sich in einem Zustand zementierter Statik und sind totalitären und autoritären Systemformen zuzuordnen; die Staaten der westlichen und freien Welt lassen sich in ihrer Dynamik fortwährend schwächen, weil sie auf die Beachtung der Bedingungen zur Erhaltung freiheitlicher Gesellschaften verzichten. Was sich die freiheitlichen Demokratien indessen aufnötigen lassen, ist nach Gilles Quispel »die Demokratisierung der Entfremdung«.
Diese Entfremdung äußert sich gegenwärtig in einer zunehmenden Unwissenheit der Menschen über die elementaren Zusammenhänge von Leben und Welt. Der Mensch von heute kann die auseinandergesprengten Teile seines Daseins und seiner Umwelt nicht mehr in einem kosmischen Verständnis zusammenfügen – trotz anempfohlenen Kreativitätstrainings zur Steigerung der menschlichen Gestaltungsfähigkeit und ungeachtet der Illusion, die Menschheit nähere sich einem globalen Informationszeitalter.
Die Bewegungsgesetze der Geschichte sind vielfältiger und hektischer Natur; epochale Einteilungen besagen daher wenig. Die Zeichen einer Zeit verändern sich in der Schnelligkeit einer zehnjährigen Wechselrhythmik – Nachklänge und ideologische Verharrungssituationen zugestanden, in denen man auf den Ausbruch einer neuerlichen Chance wartet.
Utopien erzeugen daher nur zeitweilig den Mut, an einen ständigen Fortschritt in der Geschichte zu glauben; aber sie werfen in die Resignation zurück, wenn ihr Verführungszauber verblaßt. In einer solchen historischen Situation befinden wir uns gegenwärtig: die Einsicht, daß die Instrumente der utopischen Phase des letzten Jahrzehnts zur fortschrittlichen Weltverbesserung unverwendbar sind, greift immer stärker um sich; in Europa, in der atlantischen Welt und gleichermaßen in den Ländern der Dritten Welt.
Resignation und Verzweiflung sind jedoch keine lange an-

haltenden Verhaltensgesetze des Menschen im geschichtlichen Prozeß. Sie sind aber zwingende Aufforderungen, nach einem konkreten und realistischen Bild vom Ablauf des historischen Geschehens zu suchen.

Diesem Auftrag versuche ich in diesem Buch als Soziologe nachzukommen. Trotz vieler Übereinstimmungen nicht im Zustand der Entrüstung Helmut Schelskys, der sich anschickte, eine »Anti-Soziologie« zu schreiben. Obschon ich die Bedenken Helmut Schelskys gegen gefährliche Sinn- und Zweckerweiterungen der Soziologie weitgehend teile, vertrete ich im zweiten Teil dieses Buches die Auffassung, daß eine Bloßlegung der echten Grundlagen der Soziologie, eine Erneuerung der Soziologie als Erkenntniswissenschaft, die Sozialwissenschaften insgesamt in die Lage versetzt, mit den methodischen Mitteln der Demokratieforschung einen wesentlichen Beitrag zur Erhaltung der Freiheit in unserer Zeit zu erbringen.

Die Freiheit, verknüpft mit der Wahrung der Würde des Menschen, der auch institutionellen Beachtung seines So-Seins, ist für mich der höchste Wert und das Ziel der Geschichte. Indem ich von der Dynamik des Weltgeschehens überzeugt bin, möchte ich gern ein Mensch mit einer progressiven Einstellung sein. Jedoch nicht, um Kontinuität und Tradition zu sprengen, damit man am Aufbau völlig neuer und nicht bewährter Gesellschaften beteiligt sein kann. Auch gestehe ich mit allem Freimut, daß der im abgelaufenen Jahrzehnt erfolgte Einbruch antihistorischer, antikultureller und emanzipatorisch-sozialistischer Pubertätsvorstellungen im geistig-politischen Klima Europas auch mich, der sich aufrichtigerweise zur wenig faszinierenden Mitte zählt, zu einem Konservativen wider Willen, – aber aus Einsicht – hat werden lassen.

Indem ich diese Position einnehme, stehe ich nicht allein; denn die hektische Forschheit der emanzipatorischen Aushöhlungsphase hat das Bedürfnis nach dem Aufspüren der historischen und geistigen Kontinuität verstärkt. Man ist

des Versuches überdrüssig, der Geschichte ihre Rhythmik mit dialektischen Dissonanzen vorzusingen; man will vielmehr wieder hineinhören in ihre wiederkehrenden Klänge.
Das Schicksal der Freiheit in unserer Welt hängt von der Erfassung der Bedingungen zu ihrer Erhaltung ab. Und von der Erkenntnis der Fehldeutungen des geschichtlichen Geschehens, wozu auch die Idee des geschichtlichen Fortschritts gehört. Zutreffender als der französische Soziologe Alain Touraine, der sich zur Linken zählt, kann die verfehlte Perspektive der historischen Fortschrittstheorien nicht gekennzeichnet werden: »Die laizistische Religion des Fortschritts, sei sie kapitalistisch oder sozialistisch, erscheint nur noch als Ideologie.«
Um diesen Fortschrittsmythos als Transzendenzersatz zu entlarven, habe ich im ersten Teil des Buches auf empirischem und vergleichendem methodischen Wege den Stand des gegenwärtigen Systemtrends festzustellen versucht. Da viele der dabei angestellten Überlegungen im Anschluß an mein Buch »Allende und der europäische Sozialismus« entstanden, wird die häufige Verweisung auf Entwicklungen in Lateinamerika verständlich.
Schließlich ist dieses Buch ein Ausdruck der Übereinstimmung mit Kurt Herberts Werk »Die Selbstentfremdung des Abendlandes« und Jacques Elluls »Verrat am Abendland«. Europa hat eine Zukunft, wenn es auf dem Wege seiner Wirklichkeit bleibt, die erst seine Wahrheit des Menschseins erkennen läßt. Der große Analytiker der europäischen Gegenwart, Raymond Aron, gab mir dabei den Mut, die nachfolgenden Betrachtungen ohne kollegiale Verlassenheit zu schreiben. Seinem neuen Buch »Plädoyer für das dekadente Europa« verdanke ich die Bestätigung einer Methode des soziologischen Realismus, der ich mich verpflichtet fühle.

Würzburg, August 1979　　　　　　　　　　Lothar Bossle

ERSTER TEIL

1.

Europäische Geschichte – Dynamik oder Fortschritt?

Schon jetzt läßt sich mit völliger Sicherheit voraussehen, daß dieses Buch mit dem Vorwurf abgetan wird, es sei in seiner Methode und den Ergebnissen seiner Analyse eigentlich unwissenschaftlichen Charakters. Mit einem solchen Einwurf muß gerechnet werden, nachdem in den zurückliegenden Jahren einzig und allein das vielfältige Spektrum der Emanzipationsphilosophie in der sozialwissenschaftlichen Gnadensonne einer wissenschaftlichen Erheblichkeit erblickt wurde. Die gesamten Projektionen und Utopien der letzten Jahre, die eine emanzipatorische Perspektive auf eine endlich gute Gesellschaft eröffneten, lassen sich inzwischen – und bedauerlicherweise – als ein Trümmerhaufen gesprengter Illusionen wiederentdecken.
Die in den 60er Jahren hervorgetretene Periode der utopischen Aufbruchseuphorie, die zu neuen Ufern auf allen Gebieten der Welt und des menschlichen Lebens führen sollte, befand sich im Einklang mit einem Fortschrittsoptimismus, der auf tiefe Traditionsverwurzelungen in der europäischen Geistesgeschichte verweisen kann; sie hat aber dennoch nicht die Belegkraft einer historischen Gesetzmäßigkeit. Die Annahme einer Fortschrittsdauer im Rhythmus der weltgeschichtlichen und insbesondere der europäischen Entwicklung ist eine Perspektive, eine Hypothese – aber nicht mehr.
Die Entschiedenheit in der Aussage und die Entlarvung von quasiwissenschaftlichen Anspruchstheorien als Hypothesen ist deshalb nicht ein Bemühen, das außerhalb der wissen-

schaftlichen Methodenreinheit verbleibt. Ralf Dahrendorf weigert sich zurecht, zwei so entschiedene und teils polemische Werke wie David Riesmans »Die einsame Masse« und C. Wright Mills »Machtelite« als unwissenschaftliche Bücher zu bezeichnen. Und er fügt an: »Wollte ich das, dann müßte ich meine eigene Produktion entsprechend qualifizieren«[1].

Letzter Maßstab für die Vortrefflichkeit einer wissenschaftlichen Erschließungsmethode ist die Erweislichkeit durch eingetroffene Wirklichkeit. In einer Wissenschaftsgläubigkeit gleichsam religiöse Ersatzbedürfnisse unterzubringen, führt jeweils zu wissenschaftlichen und persönlichen Zusammenbrüchen. Welcher Meilenschritt der Resignation liegt denn zwischen dem »Mut zur Utopie« des inzwischen ziemlich still gewordenen Pädagogen Georg Picht und Yona Friedmans Bescheidenheit in seinem Buch »Machbare Utopien«[2].

Es ist leider belegbar, daß die Sozialwissenschaften, und besonders bestimmte Modetrends der Soziologie, dem menschlichen Sehnen nach vereinfachten Daseinserklärungen allzu stark Vorschub geleistet haben; daraus ist kurzfristige und trügerische Sicherheit entstanden. Die unausbleibliche Folge des historisierenden und soziologisierenden Selbstbetrugs ist aber der Einbruch des Zweifels an der Richtigkeit oberflächlicher Darstellungsweisen der Wirklichkeit.

Frühe Mythologien und Eschatologien erklärten zum Geheimnis des geschichtlichen Prozesses, was als Gesetzmäßigkeit des Geschehens nicht aufgezeigt werden konnte. Geschichte war Schicksal – in verbleibender Unabwägbarkeit – nicht ein Planungsvorgang. Der historische Prozeß mit seinen planungsgesicherten Happy-End wurde eine gesicherte Grundannahme, die mit der Sturheit einer Diesseitsversessenheit jeglichen Zweifel ausschloß – und die Reflexion zu erübrigen schien.

Zum Nachdenken über den Gang der geschichtlichen Entwicklung gehört jedoch die Ungewißheit über ihren weiteren Weg. Alle bisherige historische Erfahrung hat das psychologische Schlüsselerlebnis offenbart: nur unsicher gewordene Menschen und Völker, die aus ihrem mit Gutgläubigkeit, eingängigen Utopien und Theorien zementierten Sendungsbewußtsein herausgerissen werden, denken über das Schicksal nach.

Gerade aber die Flucht in ersatzreligiöse Utopien, Ideologien und Theorien tritt der moderne Mensch an, um darin das Schicksal als entschlüsselte Gesetzmäßigkeit erkennen zu können. Seit der Entfaltung der industriellen Gesellschaft in Europa ist, wie Hans Freyer ausführlich darstellt, der Anspruch auf eine Theorie der Geschichte laut geworden[3]. Die Frühgeschichte der sozialen und politischen Theorien und Utopien beginnt deshalb mit der Frühgeschichte des Industrialismus, mit dem Beginn der Neuzeit.

Statt einer Kontinuität in der Verbesserung sozialer Gegebenheiten, abgeleitet aus optimistischem Theorienbewußtsein, kam der Sturz in Krisen und Katastrophen. Diese Gegenläufigkeit zur projektierten geschichtlichen Entwicklung rief allerdings nicht erhöhten Realitätssinn hervor. Im Gegenteil: nur der Ruf nach noch größerer Planung des Geschehens wurde lauter. Nicolaus Sombart hat auf diesen Zusammenhang von Krise als Ursache und Planungswillen als Folge schon im Werk von Saint-Simon verwiesen[4]. Dieser Zusammenfall ist aber bis heute die letzte Ausflucht eines historischen Optimismus geblieben.

Mit dem Einbruch des Planungsgedankens in den geschichtlichen Prozeß trat zugleich der Anspruch hervor, europäische Geschichte – und durch ihren interkontinentalen Einfluß – Weltgeschichte bewußt zu gestalten. Nunmehr glaubte man, die Gesetzmäßigkeiten der geschichtlichen Entwicklung in das klare Prisma von Theorien, in grundsichere Global- und Detailannahmen, einfangen zu können. Aus dem in Europa erfolgten Durchbruch industriegesellschaftlicher Strukturen wurde eine Theorie der Industriegesellschaft; die entdeckten Geheimnisse bisher verhüllter Geschichte standen seitdem in optimistischer Unverdrossenheit fest: Dynamik und Fortschritt.

Nun ist nicht zu bestreiten, daß die europäische Geschichte eine bisher einmalige Entfaltung eines dynamischen Prozesses darstellt. Insbesondere Richard F. Behrendt hat stets gern auf die kultursoziologische Besonderheit Europas verwiesen, daß mit dem Anbruch der Neuzeit eine bislang einmalige dynamische Lebens- und Gestaltungsform hier entstanden ist[5].

Aber die Dynamik ist indessen kein permanentes Gesetz der europäischen Geschichte; es gab zwar schon vor der Entstehung der industriellen Gesellschaft einige dynamische Intervalle. Seit dem Ablauf des industriellen Prozesses ist die Dynamik aber auch nicht selten durch statische Verweilungen unterbrochen worden. Allein schon die restaurativen Tendenzen nach Revolutionen und Kriegen widerlegen die Verwendung des Dynamischen als permanentes Gesetz der historischen Entwicklung.

Die europäische Geschichte ist schließlich auch ein Beispiel für die Einschränkung, daß sich Dynamik nicht einfach entzünden läßt. Europa mußte mehrere Jahrhunderte hindurch Reserven und Energien anreichern, um schließlich mit dem Beginn der Neuzeit durch eine Harmonisierung religiöser, wissenschaftlicher und kultureller Energien in eine dynamische Entladung auszumünden – ein Vorgang, den Arnold Gehlen treffend als kulturelle Kristallisation bezeichnet, worunter er die Zusammenfassung aller Möglichkeiten und Energien einer Epoche versteht.

Europäische Dynamik wäre ohne die personalistische Grundlegung christlicher Theologie nicht möglich gewesen; sie ist auch in anderen Kulturkreisen ausgeblieben. Entgegen dem säkularisierten Eifer in der Oberflächenerfassung: das anthropologisch-historische Ansammeln von Kräften erfordert den Impetus des Eschatologischen; sonst könnte noch nicht einmal die eifernde Art des emanzipierten Rationalisten verstanden werden. Am Beispiel der europäischen Entwicklung läßt sich daher in höchst eindeutiger Weise aufzeigen, daß die christliche Eschatologie, obgleich sie in der Neuzeit als geschichtliche Bezugsebene nicht mehr in Anspruch genommen wurde, nach wie vor die Rolle einer kulturellen und wissenschaftlichen Akkumulationsenergie einnahm.

Ungeachtet der Wahrheit, die weder national noch emotional hinterfragt zu werden braucht, daß die europäische Geschichte die Züge des dynamischen Wandels aufweist, ist in ihr die Dynamik keine Dauereinrichtung geworden. Die Unterstellung dynamischer Verlaufsetappen ergibt nicht einfach das Bild eines ständig aufwärtsstrebenden Fortschritts.

Sicherlich hat Europa wie kein anderer Kontinent alle Formen menschlichen und sozialen Zusammenlebens durchlaufen; Höhen, aber mehr noch Tiefen sind die Markierungen seiner beispiellosen Entwicklung. Der Entfaltungsprozeß der europäischen Geschichte ist demnach keine metaphysische oder säkularisierte Vollendungsgeschichte – und demnach auch kein Fortschritt ohne Ende, wie Raymond Arons Widerspruch gegen die Fortschrittspenetranz europäischer Geschichtsgläubigkeit lautet.

Fortschritt als Geschichtsgesetz wurde als Schicksalsgegebenheit gepriesen. Damit vollzog sich nicht nur eine Verflachung des historischen Denkens; auch das Schicksal wurde seiner existentiellen Dimension beraubt. Schon Oswald Spengler sagte: wer definiert, der kennt das Schicksal nicht[6].

Das Gegenstück zum Fortschrittsoptimismus ist nicht der Pessimismus, der hinter jedem Problem den herannahenden Untergang wittert. Und es kann auch nicht ständig mit der Autorität wissenschaftlicher Analysen der Versuch unternommen werden, unsere unbegriffliche Erscheinungswelt in eindimensionaler Weise erklärbar erscheinen zu lassen; solche Bemühungen schaden nur dem Ansehen der Wissenschaft. Unsere Welt wird jedoch vollends trostlos, wenn nach dem Abfall von einem metaphysischen Weltbild, der Verführung durch Theorien, Ideologien und Utopien auch der Glaube an die Möglichkeit wissenschaftlichen Bemühens verlorengeht, realistische Beurteilungen unseres Zeitalters vorzunehmen. Dabei bietet die Sozialwissenschaft, im Anspruchsverzicht auf Indokrination, eine Fülle von Methoden an, die Bewegungsgesetze bisheriger Geschichte aufzuzeigen. Die hingeworfene Frage an die Geschichte, insbesondere an den Verlauf des europäischen Geschichtsablaufs, ist schließlich doch: sind Dynamik und Fortschritt die geschichtsbewegenden Gesetze – oder welche Gesetzmäßigkeiten sind bei der Vergegenwärtigung der nachfolgenden Kapitel zu entdecken.

[1] Ralf Dahrendorf, Vom Nutzen der Soziologie, in: Soziologie zwischen Theorie und Empirie, hrsg. von Willy Hochkeppel, München 1970, S. 23.
[2] Yona Friedman, Machbare Utopien, Frankfurt 1977.
[3] Vgl. Hans Freyer, Gedanken zur Industriegesellschaft, Mainz 1970.
[4] Vgl. Nicolaus Sombart, Krise und Planung, Wien–Frankfurt–Zürich, 1965.
[5] Vgl. Richard F. Behrendt, Dynamische Gesellschaft, Bern und Stuttgart 1963.
[6] Oswald Spengler, Der Untergang des Abendlandes, München, 1963, S. IX.

2.
Reflexe der politischen und sozialen Systemkritik in unserer Zeit

Welche politischen Systeme sind heute noch zu verändern?

Die politischen Umbrüche im Iran, in Moçambique, in Nicaragua, Äthiopien, Angola, Portugal, Spanien, Afghanistan, die Bürgerkriege in Irland und im Libanon, jetzt in Nicaragua sind nur benennbare Vorgänge in der immer größer werdenden Zahl von politischen Systemwechseln in den gerade zurückliegenden Jahren. Wir leben gegenwärtig eben nicht mehr in einer Phase der stabilen sozialen und politischen Systeme, sondern bestenfalls in recht unübersehbarer Weise in einem Zeitalter der Übergangs-, Abbruchs- und Rückgangsgesellschaften. Der Mythos von einer andauernden Fortschrittsdynamik der Entwicklung der Staaten und der Gesellschaften erfährt durch all diese Ereignisse eine totale Widerlegung.

Die systemstabilisierenden Perioden im weltgeschichtlichen Geschehen, die unmittelbar auf den Ersten und Zweiten Weltkrieg folgten, wobei sie nach 1945 längere Zeit hindurch anhielten, sind jetzt offensichtlich vorüber.

Nach 1918 hatte die Idee der parlamentarischen Demokratie durch den Sieg der Westmächte über die autoritären Strukturen des Wilhelminischen Reiches und der österreichisch-ungarischen Donaumonarchie noch entscheidende Lebensimpulse erhalten. Die russische Oktoberrevolution und die Machtfestigung des Bolschewismus in Rußland, ein Ereignis, das die Erwartung eines weltumspannenden

Durchbruchs der Demokratie hätte stören können, wurde damals von dem weltweit verbreiteten demokratischen Fortschrittsschwung nicht ernstgenommen. Bei dieser Verdrängung eines Sorgebewußtseins half es, daß man die Sowjetunion einfach aus der weltpolitischen Verantwortung heraushielt.

Nach 1945 trat aber dann infolge der Ausdehnung des sowjetrussischen Herrschaftsbereichs in Ost- und Südosteuropa nicht nur eine Abgrenzung der machtpolitischen Blöcke ein. Es ergab sich auch eine dementsprechende Sphärengliederung nach politischen und sozialen Systemen. Dem Systemblock der bolschewistischen Diktatur stand das System der parlamentarischen Demokratien gegenüber, sicherlich in vielen Facetten der unterschiedlichen Verfassungsgestaltung, aber doch eingewurzelt in das Missionsverständnis der amerikanischen Demokratie und den Traditionen der westeuropäischen Demokratien wie in England und Frankreich.

Auch die Souveränitätsentwicklung in der arabischen und afrikanischen Welt störte fürs erste das Bild von der Zweiteilung der Welt in eine machtpolitische und ideologische Gegensatzorientierung zwischen dem Osten und dem Westen nicht. Eine weltpolitische Gewichtsbeschreibung der Mächte nach einem Nord-Süd-Gefälle und einer damit verbundenen Analyse der ökonomischen Unterschiede zwischen reichen und armen Nationen kam erst später auf.

Lateinamerika, schon im 19. Jahrhundert nach der Lostrennung von Spanien und Portugal in einen Vielstaatenkontinent verwandelt, galt nach geläufigen Meinungsströmungen auch nach 1945 als ein dunkler, ja mysteriöser Erdteil. Es wurde vielfach als ein Missionsfeld angesehen, verloren und vergeblich, eine für Europa ferne und von ihm mitzuverantwortende »terra dolorosa«, wie sie Rolf Italiaander einmal genannt hat[1].

Weltweites Aufsehen unmittelbar nach dem Zweiten Weltkrieg erregte lediglich der Machtantritt Juan Perons in Argentinien. Das Bündnis von militärischer und gewerkschaftlicher Macht durch die Ideologie des Justizialismus wurde zwar in eine Verwandtschaft zu dem gerade gescheiterten nationalsozialistischen Herrschaftssystem in Deutschland gerückt, aber man ließ es als lateinamerikanische Variante des Faschismus gelten, da Lateinamerika als ein Kontinent angesehen wurde, der ja ohnehin keine explosiven weltpolitischen Probleme bereitet. Zudem war die Welt ratlos angesichts der damals noch latenten sozialen Problematik in vielen Ländern des lateinamerikanischen Subkontinents. Von Europa aus besehen gab es gar keine Unterschiede in der sozialen und politischen Entwicklung der lateinamerikanischen Staatenwelt. Manche Staaten Lateinamerikas verdankten ihre gelegentliche Erwähnung nur dem Umstand, daß wiederum einmal eine Revolution südamerikanischer Provenienz stattgefunden hatte.

Nach einem solchen Maßstab, die Weltaufmerksamkeit zu erregen, hatte deshalb auch ein Land wie Chile wenig Gelegenheit, seine Entwicklung durch auffällige Revolutionsakte zu begleiten. Es galt zwar als einer der wenigen Staaten in der Virulenz der revolutionsausgefüllten lateinamerikanischen Staatenszenerie; denn Chile verfügt schließlich über eine bemerkenswert frühe demokratische und parlamentarische Tradition. Der Respekt vor seiner Sonderstellung als ein disziplinierter Staat kommt – oder kam – zuweilen in der rühmenden Unterstreichung zum Ausdruck, es sei »das Preußen Südamerikas«.

Und auch nach dem Aufstieg und Fall Allendes sollte Chile ein Sonderfall werden – aber nicht nur für Lateinamerika; denn die Entwicklung Chiles von 1973 bis heute paßt augenscheinlich nicht in die systemverändernden Trends der Gegenwart[2].

Zu diesen begrüßenswerten Systemtrends gehört es wohl, wenn – wie in Afrika – nach der Entbindung von kolonialer Herrschaft, die Entwicklung zu isolierenden nationalstaatlichen Geprägeformen mit der Deklamation zusammenfällt, man sei auf dem richtigen Weg zum Sozialismus, wobei der Sozialismus, keineswegs definiert, einfach als Ausdrucksform einer Modernisierungsideologisierung verstanden wird[3]. Die demonstrierende Erklärung für den Sozialismus ist leicht erkennbar, eine kommunikationsbefriedigende Beschwichtigungsformel, um bei allem innenpolitischen Versagen dennoch kein weltpublizistischer Sensationsfall zu werden. Dieses Mittel, die sozialistische Modellvorgabe als Abschirmungsstrategie anzuwenden, erweist sich als ein immer wieder erfolgreiches Instrument, um sich aus der internationalen Aufmerksamkeit herausschleichen zu können. So ist auch die sozialistische Verbalkür, wie von der Militärjunta seit 1968 in Peru vorgenommen, gleichbedeutend mit einer Befreiung vom internationalen Argwohn.

Weiterhin gehört es zu den akzeptierten Veränderungstrends in politischen Systemen, wenn eine monarchistische Staatsform beseitigt wird. Der Sturz des greisen Kaisers Haile Selassi in Äthiopien wurde als längst fällige Beseitigung eines überalteten sozialen und politischen System von der Weltöffentlichkeit teilnahmslos zur Kenntnis genommen – und welche Katastrophe für Äthiopien und das Somali-Land wurde aus der zuerst so allfällig begrüßten Beseitigung eines »feudalen Systems« schließlich. Die Verdrängung der Monarchie in Griechenland verschaffte für einige Zeit dem seinerzeitigen Juntasystem des Obersten Papadopoulus ebenso eine internationale Atempause.

Und internationale Gelassenheit war auch die Reaktion auf den Sturz des Schah von Persien; und auch der sich anschließende Blutrausch der Revolution löst keine Protestaktionen aus. Währenddessen erhalten Aufbrechungstendenzen im kommunistischen Herrschaftsblock und die machtpolitische Sanktion der Sowjetunion, die sich jeweils anschließt, wie bei der Niederschlagung des Aufstandes vom 17. Juni 1953 in der DDR, in Ungarn und Polen 1956 und dem Einmarsch der Sowjets am 21. August 1968 in der Tschechoslowakei, bald darauf den Rang peinlicher, weil friedensstörender Rückbesinnung. Die Auflösung eines Systems der Militärjunta wie in Griechenland oder die Beseitigung eines autoritären Systems wie in Portugal wird hingegen allseits als geschichtlicher Emanzipationsprozeß begrüßt. Nicht verschwiegen werden darf schließlich, daß zur gegenwärtigen Phase einer systemverändernden Lust inzwischen auch die Infragestellung der parlamentarischen Demokratie gehört. Es ist nicht nur die übliche Parlamentsverdrossenheit, die so alt wie die praktizierte Demokratie selbst ist, was sich gegenwärtig in einer allgemeinen Demokratiekritik weltweit äußert. Das ungute Gefühl der Bürger und die Ohnmacht der Politiker, daß die Leistungsform der Demokratie nicht ausreicht, um die Probleme der industriegesellschaftlichen Dynamik unserer Zeit zu lösen, führt zu einem unausgesprochenen Bündnis, dessen Folge die Resignation, mangelnder Glaube an die Standfestigkeit der Demokratie und ein dumpfes Suchen nach neuen oder die Rückkehr zu alten Wegen ist. Der Ursprungselan der parlamentarischen Demokratien nach dem Ersten und Zweiten Weltkrieg ging – darüber besteht wohl kein Zweifel – verloren[4]. Die Regeneration der demokratischen Idee, ein Akt, der vollzogen werden muß, ist äußerst schwierig, da die Demokratie auch heute darauf verzichtet, an jenen Gesetzen festzuhalten, die zur Stabilität und Kontinuität eines demokratischen Staates erforderlich sind.

Im Unterschied zu totalitären Diktaturen haben die Demokratien unserer Zeit zwar durchweg eine größere Funktionstüchtigkeit unter Beweis gestellt. Aber die totalitären Diktaturen sind in der Beherrschung der Machtinstrumente überlegen, die zum erfolgssicheren Krisenmanagement gegen alle Gefahren eines Systembruchs angewendet werden können. Die immer wiederkehrende Unsicherheit der Demokratien hingegen muß als ein durchaus unverzeihlicher Mangel an politischer Strategie zur Krisenbehebung empfunden werden. Selbst Notstandsgesetze und Ausnahmegesetzgebungen genügen eben nicht, um geistige, politische

und strukturelle Belastungen in einer Demokratie wirklich durchstehen zu können.
Es ist daher kein Zweifel erlaubt: auch die Demokratie, trotz ihrer Approbation auf das Zeitalter der Zukunft, widerstrebt nicht in stabiler Weise der Tendenz zur systemsprengenden Veränderung in unserer Zeit. Ebensowenig andere Staatsformen, die als Systeme des gesellschaftlichen und politischen Übergangs bezeichnet werden können. Manche politische Systemformen sind hingegen reif für einen Abbruch. Die Verängstigung vor einer ständigen Veränderung weckt an manchen Orten das Bedürfnis nach einem Rückgang der politischen und gesellschaftlichen Prozesse auf erprobte und tradierte Formen. Einzig und allein die totalitären Diktaturen unserer Zeit haben durch ein machtinstrumentales Krisenmanagement einem systemverändernden Druck bisher widerstehen können.
Die von Arnold *Gehlen* mehrfach geäußerte und eine von dem amerikanischen Soziologen David *Riesmann* übernommene These, daß die seit 1789 begonnenen »kommunistischen« und »sozialliberal-demokratischen« Ideologien auf lange Zeit hindurch »keinen neu auftretenden Rivalen zu befürchten« brauchen und daher auf lange Zeit mit »der Endgültigkeit dieser Systeme zu rechnen« sei, trifft daher nur auf die Armut an neuen politischen Ideen zu[5]. Zutreffend ist deshalb lediglich, wenn Gehlen behauptet:

> »Man kann sich gar nicht vorstellen, daß neue Ideensysteme mit demselben weltgestaltenden Anspruch, mit dem vor hundert Jahren der Marxismus oder vor 80 Jahren noch Nietzsche auftraten, überhaupt gehört werden könnten – das liegt nicht mehr in den Möglichkeiten der Epoche«[6].

Jedoch – und die Erkenntnis muß endlich durchdringen –, über die Labilität und Stabilität politischer und sozialer Systeme in unserer Zeit entscheiden nicht ausschließlich die Ideen oder Ideologien. Darüber entscheiden vielmehr in einem erheblichen Ausmaß die politischen Strategien und

sozialen Handlungs- und Führungstechniken – so bitter und unwissenschaftlich diese Erkenntnis auch sein mag. Die Anwendung der Instrumente des modernen Machiavellismus ist leider auch für unsere Zeit erfolgversprechender als die Verfügung über soziale und politische Ideen[7].
Ideologische Krisen können ein politisches System durchaus und häufig heimsuchen, und andere politische Systeme können noch so sehr an einem Ideen- oder Theoriendefizit leiden: ihre Haltbarkeit wird weitgehend durch die Übereinstimmung und die Handlungsentschlossenheit der machtbesitzenden Führungsschicht entschieden. Wären die permanenten Krisen des Sozialismus, die als Belastung auf die Sowjetunion seit 1917 schon zugekommen sind, von einer systemerschütternden Wirkung, hätte längst eine Transformation des jetzt dort bestehenden Systems stattgefunden. Und wäre die Demokratie in ihrer Festigkeit an der theoretischen und praktischen Anteilnahme der Bürger zu messen, würde sich wohl keine Demokratie in der weltpolitischen Landschaft mehr vorfinden lassen.
Die Aufteilung der Welt in Machtsphären ist demnach für die Beurteilung welche politische Systeme zu verändern sind, von größerer Bedeutung als eine Suche nach einem Zusammenhang von Ideologie und Systemfestigkeit.

[1] Rolf Italiaander, Terra dolorosa, Wiesbaden 1969.
[2] Vgl. Lothar Bossle, Allende und der europäische Sozialismus, Stuttgart 1978, S. 113 ff.
[3] Vgl. Klaus-Georg Riegel, Der Sozialismus als Modernisierungsideologie, in: Kölner Zeitschrift für Soziologie und Sozialpsychologie Heft 1, 31. Jahrgang 1979, S. 109 ff.
[4] Vgl. Lothar Bossle, Demokratie ohne Alternative, Stuttgart, insbes. S. 7–18.
[5] Arnold Gehlen, die Chancen der Intellektuellen in der Industriegesellschaft, Neue Deutsche Hefte, hrsg. von Joachim Günther, Jhrg. 16, Heft 4, S. 3.
[6] Arnold Gehlen, über kulturelle Kristallisation, Bremen 1961,
[7] Vgl. Erwin Faul, Der moderne Machiavellismus, Köln–Berlin 1961, insbes. Kap. »Militanter Marxismus und Machiavellismus«, S. 177 ff.

3.

Ein Stabilitäts- und Kontinuitätsvergleich: Demokratien, autoritäre und totalitäre Diktaturen, Erziehungsdiktaturen

Es liegt die historisch überblickbare Erfahrung unseres Jahrhunderts vor: Der Totalitarismus in der kommunistischen Staatenwelt verfügt über ein bis jetzt hinreichendes und immer wieder erfolgsicherndes systemstabilisierendes Management; die Demokratien hingegen leben von der Hoffnung, daß ihnen existenzgefährdende Krisen künftig erspart bleiben. Und die Staaten der Dritten Welt werden von Strukturmodellen des Zwangs und der Freiheit hin- und hergerissen. Eine zusätzliche Abschwächung der Position der Demokratien ergibt sich daher durch die Vereinigung von zwei getrennten sozialistischen Wurzeln. Es muß im Rahmen der Ideenentwicklung in der modernen Welt bedacht werden, daß der Sozialismus auch in seinem totalitären Exzeß durchaus westlichen Ursprungs ist; und es bricht der östlich verwandelte Sozialismus mit dem Zauber einer sozialistischen Utopie, die auf vorinstitutionelle Stadien des Sozialismus zurückgreifen möchte, in die westliche Wertwelt der verlorenen Leitbilder ein.

Diese utopische Invasion des Sozialismus erzeugt in Ländern der Dritten Welt, die sich noch in vorindustriellen Stadien ihrer Entwicklung befinden, eine Reihe höchst merkwürdiger Versuchungen. Die Belastung europäischer Staaten als frühere Kolonialmächte und vielfach vorhandene Abhängigkeiten zur Führungsmacht der Demokratien, den USA, rufen Ressentiments hervor, die zuweilen in die Absicht umschlagen, das eigene nationale Antlitz auf einem dritten Weg zu suchen. Hier liegt die Faszination für einen Pluralismus, der die Schwächen der westlichen Demokratie und der östlichen Diktatur in gleicher Weise vermeiden möchte.

Dadurch entstehen auch in der Dritten Welt die Vorstellungen, sich durch einen übergangsgesellschaftlichen Prozeß aus der gegenwärtigen Misere zu befreien; durch die Anwendung von Gewalt den Abbruch verfestigter Verhältnisse zu erzwingen; angesichts der Gefahr einer unüberschaubaren Auflösungsdynamik das Heil im tradierten Rückgang zu erblicken.

Wie sind beispielsweise in Chile nach diesem Strukturschematismus gegensätzlichen politischen und gesellschaftlichen Verhaltens die Vorgänge in den letzten zehn Jahren begreiflich zu machen? Bis 1964, genauer bis zur Wahl von Eduardo Frei zum Präsidenten Chiles, war das Land bestimmt durch ein System der parlamentarischen Routine mit einer im Hintergrund gehaltenen sozialen Problematik. In der Amtszeit des ersten Präsidenten, den die noch junge Partei der Christlichen Demokraten stellte, erfolgte durch eine soziale Dynamisierung die Einleitung eines Übergangsprozesses. 1970 kam mit dem Machtantritt Allendes zur systemgeschwächten Übergangssituation das systemverändernde Element einer Übergangsstrategie hinzu. Und die gegenwärtige Herrschaft der Junta ist unbestreitbar mit der Tendenz verbunden, durch Akte des Rückgangs zuerst einmal die Wiederbefestigung zerborstener Bastionen zu erreichen.

Diese Kategorisierung der gerade zurückliegenden und gegenwärtigen politischen und sozialen Systemlage in Chile zeigt indes die erneute Schwierigkeit, das Land vom Nimbus eines Sonderfalls zu befreien. Eine situative und systemkategoriale Besonderheit Chiles könnte erst fixiert werden, wenn zum Vergleich alle politischen und sozialen Systeme herangezogen werden, die in der heutigen Welt anzutreffen sind.

Ein solcher Systemvergleich ermöglicht fürs erste die

Schlußfolgerung, daß Chile zur Zeit in unbezweifelbarer Eindeutigkeit keine parlamentarische Demokratie ist; denn die demokratische Staatsform setzt die Existenz agierender Parteien und festgelegte Wahlfristen voraus. Eher könnte man schon sagen, daß Chile gegenwärtig eine vertagte Demokratie darstellt, nachdem die bezweifelbare demokratische Tradition des Landes auch einen Zukunftsdruck ausübt und die parteipolitischen Kräfte auf den Start zur Wiederbelebung der demokratischen Verfassungspraxis in der Bereitstellung warten. Die Chance zu einem demokratischen Wiederbeginn verringert sich jedoch überall – und damit auch in Chile –, wenn sich ein System der Militärjunta auf Dauer einzurichten gedenkt.

Unter dem Volksfrontregime Allendes waren die Systemverhältnisse in Chile mit einem Zustand zu vergleichen, der in Deutschland mit der Entwicklung am Ausgang der Weimarer Republik und den ersten Phasen der Herrschaft Hitlers bis zum Röhmputsch 1934 begreiflich gemacht werden kann. Allende hatte ein parlamentarisches Regierungssystem vorgefunden, das in seiner typischen lateinamerikanischen Verfassungsakzentuierung einige Konstruktionsfehler aufwies, von denen europäische Verfassungsdemokratien auch nicht frei geblieben sind. Die bemerkenswerteste Schwäche der Verfassung Chiles war es zum Beispiel, daß nach dem Vorbild der präsidentiellen Verfassung der Vereinigten Staaten der jeweilige Präsident, auf sechs Jahre gewählt, mit gleichsam monarchisch-konstitutionellen Befugnissen ausgestattet gewesen ist. Um die Autorität des »Wahlmonarchen« nicht zur Kontinuität werden zu lassen, wurde jedoch, wie in den meisten lateinamerikanischen Verfassungen, das Recht zur unmittelbar folgenden Wiederwahl ausgeschlossen. Daraus entstand ein gleichsam amputierter Konstitutionalismus der das Gleichgewicht von Plebiszit und Repräsentation – eine für jede Demokratie entscheidende Grundbeziehung – nicht in funktionsstabilisierender Weise zu lösen vermochte.

Eine solche Fehlkonstruktion in der Verfassung hat nicht nur für Chile nachteilige Folgen gehabt. Eine vergleichende Analyse demokratischer Verfassungen zeigt ganz eindeutig, daß jede Demokratie eine Abschwächung ihrer Funktionsfähigkeit erfahren muß, wenn die Autorität des Präsidenten ihre Abstützung allzusehr durch das Plebiszit und weniger durch die Repräsentation erhält. Es ist für eine Demokratie stets von Nutzen, wenn das höchste Amt im Staate nicht nur plebiszitär berufbar, sondern repräsentativ beglaubigt ist.

Einer neuen Verfassungsgebung in Chile ist daher anheimgegeben, ebenso wie es eine Ermunterung für eine Verfassungsreform in anderen lateinamerikanischen Staaten sein kann, das aus den USA importierte präsidentielle Verfassungsmodell zu korrigieren. Demokratien müssen offensichtlich erst durch bittere Erfahrungen erschüttert werden, bevor sie sich zu der Erkenntnis durchringen, daß eine Demokratie mit einer eindeutig repräsentativen Verfassungsakzentuierung am ehesten in der Lage ist, in der heutigen industriegesellschaftlichen Dynamik die Prozesse der politischen Willens- und der staatlichen Entscheidungsbildung im Sinne erstrebter Stabilität und Kontinuität zu gewährleisten[1].

Andere Demokratiemodelle sind nach aller bislang vorliegenden Erfahrung nicht belastungsfähig; sie geraten durch ihre strukturelle Schwäche bei ernsthaften Kriseneinbrüchen in den Strudel einer systemüberwindenden Dynamik. Im Blick auf die Geschichte der demokratischen Verfassungsentwicklungen ergibt sich allerdings die enttäuschende Erkenntnis, daß Demokratien trotz vielfach gegebenen Einblicks nur im Anblick von Katastrophen zur modellverändernden Verfassungsrevision entschlossen sind. Um in Deutschland von der strukturellen Schwäche der plebiszitären Weimarer Reichsverfassung Abschied nehmen zu können, bedurfte es eines Kontinuitätsbruchs durch die verhängnisvolle Herrschaft Hitlers. Das 1948/49 geschaffene

Grundgesetz der Bundesrepublik Deutschland in seiner eindeutig repräsentativen Verfassungsstruktur war deshalb von der Bewältigung des Traumas von Weimar und eines Anschlusses an angelsächsische Verfassungstradition bestimmt[2].
In Frankreich schließlich bedurfte es nicht nur des völligen Führungszerfalls der Parteien der IV. Republik, sondern auch einer durch den Algerienkrieg nicht mehr vermeidbaren Staatskrise, um den Weg für de Gaulle und die Verfassung der V. Republik freizumachen. Wenngleich auch die jetzige französische Verfassung erhebliche Konstruktionsfehler aufweist, die insbesondere in den demagogischen Möglichkeiten des Plebiszits und in der allzu starken, weil auch der parlamentarischen Kontrolle enthobenen Stellung des Präsidenten zu sehen sind, ist im Weg Frankreichs von der IV. zur V. Republik ein nicht allzu häufiger Akt der staatlich-demokratischen Stabilisierung im Zuge eines Kontinuitätsvorgangs zu erblicken.
Aber nicht immer gelingt der Übergang von einem labileren zu einem stabileren Zustand des Staates unter Einhaltung der demokratischen Systemkontinuität. Die moderne Staats- und Verfassungsgeschichte kennt leider eine Häufigkeit von Fällen, in denen Staaten infolge zentrifugaler Strukturschwächen den Ausweg nach einem System der Diktatur beschreiten. Diese bittere Gewißheit, erst in der Folge der Erfahrungen mit den Diktaturen im 20. Jahrhundert entstanden, hat den Optimismus des 19. Jahrhunderts widerlegt, der von einer unaufhaltsamen Progression der Demokratie in der Welt ausging. Jedoch ist das Modell einer Diktatur nicht einheitlich, das von Staaten angenommen wird, die sich einer demokratischen Fortschrittstendenz entziehen.
Die größte Rebellion gegen die Freiheitstendenz in der modernen Geschichte ist ohne Zweifel die Errichtung einer totalitären Diktatur. Die Entstehungsgründe einer solchen totalitären Systemform können dabei unterschiedlich sein, wenngleich auch die Ausprägungen des Herrschaftsstils –

unbeschadet der widerstreitenden ideologischen Inhalte – nicht zu übersehende Gleichheiten aufweisen. Wenn die Ausgangslage bei der Einführung der nationalsozialistischen und kommunistischen Diktatur in Deutschland und Rußland – den beiden bisher klassischen Fällen des modernen Totalitarismus – miteinander verglichen wird, dann ist der Unterschied im Entstehungsgrund sogleich offensichtlich: Rußland geriet in einem vorindustriellen Stadium seiner Entwicklung in den Sog eines totalitären Trends; Deutschland war stattdessen ein Industrieland im fortgeschrittenen Stadium, mit einer nicht belastungsreifen Verfassung, ausufernden politischen Extremgruppierungen und zu wenig in der Demokratie sich beheimatet fühlenden sozialen Schichten, als die Gewaltherrschaft Hitlers ihren Anfang nahm[3]. Zwar stellt die Entstehung der totalitären Diktatur in Rußland eine Widerlegung der These von Marx dar, daß dem Aufbau des Sozialismus das Stadium einer kapitalistischen Industrialisierung vorausgehen muß, aber es ist ein Fehlschluß, wenn man annimmt, daß ein bereits errungener industriegesellschaftlicher Standard einen Staat vor dem Abenteuer des Totalitarismus bewahrt[4].

Die Gründe für das Zusammenbrechen eines Staates können auch in Bereichen zu suchen sein, die keineswegs nur ökonomischer Natur sind.

So kann neben eine demokratische Führungs- und Entscheidungsschwäche auch ein Gefühl der Unterlegenheit gegenüber Diktaturen treten, was Menschen zu bewegen vermag, im Totalitarismus ihren politischen Bekenntnis- oder Opportunitätsraum zu suchen. Insbesondere sieht man »Schwächesymptome der Demokratien« auch darin, daß »ihre außen- und wehrpolitische Zersplitterung gegenüber einer zentralisierten Großmacht« immer wieder Gefühle der Minderwertigkeit und der Unsicherheit hervorruft[5]. Simples Denken verführt allemal zu der Auffassung, daß Diktaturen eine größere manipulative und regierungstechnische Handlungsfähigkeit als Demokratien aufweisen. Es entbehrt dabei nicht eines Widersinns, daß die Vorstellung von einer hydraulischen Funktionsdichte des totalen Staates einer asiatischen Herrschaftsorientierung zugeordnet werden kann, die hier in Europa jedoch erst aufkam, als feudale Ordnungsformen schon der industriegesellschaftlichen Emanzipation wichen. In seiner vergleichenden Studie totaler Macht hat Karl A. *Wittfogel* schon vor Jahren in sehr belegter Weise darauf verwiesen, daß Marx einen Einklang zwischen einer sozialistischen Gesellschafts- und einer asiatischen Wirtschaftsordnung gesehen hat, in einem »asiatischen System, das den Staat zum tatsächlichen Grundbesitzer macht«[6]. Ebenso hat Martin Buber die vorderasiatischen Ursprünge in der totalen Konzipierung einer Gesellschaft entdeckt, wie sie in der Lehre von Karl Marx vorliegt[7].

Wenn man versucht, die Rhythmik einer periodischen Wiederkehr totalitärer Lust in der Geschichte Europas im 19. und 20. Jahrhundert zu verfolgen, stößt man immer wieder auf den Umstand, daß der politische und soziale Generationswechsel innerhalb der Verantwortungsstruktur eines Staates die Unbefangenheit und auch Unbedenklichkeit gegenüber der geschichtlichen Erfahrung zur Folge hat. Dadurch entsteht in einem System der Verdrossenheit über selbstverständlich hingenommene und sozial nicht greifbare demokratische Werte die Lust an einer radikalen politischen Lösung.

Die Vorstellung vom totalen Staat kann dabei im Blick revolutionärer Idealisten zuerst noch ein verschwommenes spieltheoretisches Phänomen sein, was erlaubt, das Nachdenken über die Folgen einer totalen Machtbeherrschung zu unterlassen. Indem man einfach eine neue, noch nie dagewesene Gesellschaft der totalen Problemüberwindung erstrebt, glaubt man zugleich, eine globale Entschuldigung für alle unbequemen und vielleicht häßlichen Nebenfolgen in der Hand zu halten. Der Anspruch auf historische Einzigartigkeit ist indessen das entscheidende Merkmal der tota-

litären Diktatur, wie sie bisher im deutschen Nationalsozialismus erlebt wurde und im sowjetrussischen Kommunismus noch erlebt wird – im Gegensatz zur autoritären Diktatur.
Die autoritäre Diktatur ist nicht bestimmt von dem Ehrgeiz eine neue gesellschaftliche Ordnung zu errichten, sondern einen solchen Anspruch abzuwehren. Eine autoritäre Diktatur ist sicher auch ein spekulatives Modell, das helfen soll, den Zustand einer rettungslosen demokratischen Agonie zu überwinden. Aber die entscheidende Rechtfertigung wird ihr zugebilligt, indem sie sich als »Vorbeugungsdiktatur« gegenüber dem Totalitarismus begreift[8].
Während indessen Beispiele der Auflösung autoritärer Diktaturen in unserer Zeit geläufig sind, läßt sich klar folgern, daß der Typus der autoritären Diktatur im Unterschied zum Totalitarismus die Kontinuität überhaupt nicht und die Stabilität nur vorübergehend gewährleisten kann.
Ganz andere Bedingungen weist hingegen das System einer Erziehungs- oder Entwicklungsdiktatur auf. Die Problematik dieser Form der Diktatur liegt weniger in der Befähigung, die Stabilität und Kontinuität zu bewahren, sondern in der Gefahr, die zuerst beabsichtigte Strukturerneuerung allmählich zu verfehlen. Die Erziehungsdiktatur, nach dem Begründer der modernen Türkei, Kemal Atatürk, im sozialwissenschaftlichen Jargon auch als Kemalismus bezeichnet, »entsteht, wenn in einem noch unterentwickelten Land mit planvoll eingesetzten Herrschafts- und Erziehungsmitteln das Volk einem demokratischen Reifegrad entgegengeführt werden soll. Ist dieser Zustand erreicht, so hat der Übergang zu einer demokratischen Staatsform zu erfolgen«[9].
Bevor es jedoch zur Deklaration eines Übergangs zur Demokratie kommt, kann leider die Zielumbiegung dazwischen kommen, dann nämlich, wenn die politische Führungsschicht in das Stadium eines Motivationswandels hineingerät, indem aus dem ursprünglichen Machtauftrag eine inzwischen liebgewordene Machtgewohnheit wird. Gleichzeitig ist der Verlust an demokratischer Entwicklungsbereit-

schaft mit der Einführung von nationalistischen und isolationistischen Tendenzen sowie dem Aufbau eines Führerkults verbunden. Ob es zu einer solchen Umbiegung des Erziehungsauftrags in einer solchen Entwicklungsdiktatur jedoch kommt, hängt erfahrungsgemäß von der staatsmännischen Reife und einer Verbundenheit mit der humanen Tradition der europäischen Kultur zusammen. So widerstanden Leopold *Senghor* in Senegal und Felix *Houphouet-Boigny*, der Präsident der Elfenbeinküste, den Versuchungen des Nationalismus und Isolationismus. In einer realistischen Einschätzung des Vorteils einer weiteren Beziehung seines Landes zu Europa, und insbesondere zu Frankreich, fand Houphouet-Boigny harte Worte für einen afrikanischen Nationalismus als Exodus einer Erziehungsdiktatur:

> »Eine solche Haltung hätte zwar dem Stolz gewisser Führer geschmeichelt, das afrikanische Volk aber wäre sein erstes Opfer gewesen. In seinem Interesse haben wir den Weg des Realismus, den Weg der Weisheit gewählt.«[10]

Und es entspricht einem hervorragenden Einblick in die Strukturmechanismen von Staatsentwicklungen, wenn Houphouet-Boigny, unter Berufung auf geschichtliche Erfahrungen und eingeprägt in eine europäische Staatskenntnis, weiter ausführt: »Das, was weder Europa, noch Asien, noch Südamerika haben verwirklichen können, wird auch Afrika nicht machen können.«[11]

Der Versuchung, den demokratischen Impetus durch einen isolationistischen Nationalismus zu ersetzen, widerstanden dagegen nicht Kwame *N'Krumah*, der inzwischen gestürzte Präsident Ghanas, und Sékou *Touré* in Guinea. Auffällig bleibt indessen, daß in Entwicklungsdiktaturen die Regung zum übersteigerten Nationalismus mit der Proklamation *sozialistischer Modelle* einhergeht. Das ist ein merkwürdiger Zusammenfall von politischen Motiven in der Entwicklung von Staaten der Dritten Welt, der eigentlich veranlaßt, die

Frage nach der demokratischen Chance in sozialistischen Systemen neu, konkret und damit zugleich schärfer als bisher zu stellen.

[1] Vgl. zur industriegesellschaftlichen Bedingtheit demokratischer Verfassungsmodelle: Ernst Forsthoff, der Staat der Industriegesellschaft, dargestellt am Beispiel der Bundesrepublik Deutschland, München, 2. Aufl. 1971; zur Unterscheidung zwischen repräsentativen und plebiszitären Modellen: Ernst Fraenkel, a.a.O., insbs. Kap. II. Die repräsentative und die plebiszitäre Komponente im demokratischen Verfassungsstaat, S. 81 ff.
[2] Vgl. Volker Otto, Das Staatsverständnis des Parlamentarischen Rates, hrsg. von der Kommission für Geschichte des Parlamentarismus und der politischen Parteien, 1971, S. 14.
[3] Zur eingehenden Beschäftigung mit dem Phänomen des Totalitarismus sei verwiesen: Hannah Arendt, Elemente und Ursprünge totaler Herrschaft, Frankfurt 1955; C. J. Friedrich, Totalitäre Diktatur, Stuttgart 1957; Jean Neurohr, Der Mythos vom Dritten Reich, Stuttgart 1957; Walter Schlangen, Theorie und Ideologie des Totalitarismus, Bonn 1972.
[4] Vgl. Lothar Bossle, Politische Ordnungsformen in der modernen Industriegesellschaft, Mainz 1966.
[5] Mills, a.a.O., S. 378.
[6] Karl A. Wittfogel, die orientalische Despotie, Köln–Berlin, 1962, S. 4.
[7] Vgl. Martin Buber, Pfade in Utopie, Heidelberg 1950.
[8] Karl J. Newman, Zerstörung und Selbstzerstörung der Demokratie, Europa 1918–1938, Köln–Berlin 1965, S. 457.
[9] Lothar Bossle, Aufgabe und Methode der Erforschung des politischen Totalitarismus, in: Politik als Gedanke und Tat, Mainz 1967, S. 102.
[10] Franz Früh, Probleme um afrikanische Politiker, in: Schwarzes Afrika, Göttingen 1961, S. 33.
[11] Ebenda, S. 33.

4.

Die unerwartete politische Zeitmode: es gibt immer mehr Militärdiktaturen

Einen Kontinuitätsbruch offenbaren viele Entwicklungsdiktaturen, nicht durch einen Vorgang der Systemveränderung, sondern durch einen personalen Machtwechsel, der einer durchaus deutbaren und nicht verborgenen Gesetzmäßigkeit unterliegt. Während in einer totalitären Diktatur die Armee in einer Unterwürfigkeitsrolle gegenüber dem Machtanspruch einer Monopolpartei verbleibt, hat in der Entstehung einer Entwicklungsdiktatur die Armee – vor der Unabhängigkeit als Partisanenorganisation – eine entscheidende Geburtshilfe geleistet. Das hat zur Folge, daß im Zuge des Staatsaufbaus, da politische, staatliche, soziale Institutionen und parteipolitische Strukturen fehlen oder noch zu schwach entfaltet sind –, die Befehlshaber der selbstbewußt gewordenen Armee die politischen Anfangsfiguren verdrängen. Aus dieser machtdynamischen Gesetzlichkeit heraus mußte in Algerien Ben Bella dem Feldwebel Boumedienne, und im Kongo Tschombe dem politischen unscheinbaren Mobutu weichen und der frühere englische Feldwebel Idi Amin, den inzwischen das Schicksal des Sturzes traf, darf hier nicht unerwähnt bleiben.

Es gehört wohl zu den kommunikativen Merkwürdigkeiten unserer Zeit, daß die Errichtung von Militärherrschaften in Entwicklungsdiktaturen ohne Erregung hingenommen wird, wenn sie sich nur dem Anschein nach sozialistisch legitimiert. Ebenso bleibt es in einem gängigen Systemvergleich, wie heute vielfach geübt, zumeist unregistriert wenn

die Armee eine demokratische Wächterrolle übernommen hat – wie in der Türkei, dem klassischen Land einer Erziehungsdiktatur. Dort hat mehrmals die Armee gegenüber dem Machtmißbrauch politischer Gruppen die nicht mehr funktionierende Verfassungsdemokratie suspendiert, um nach einiger Zeit die Herrschaft wieder an zivile, politische Gruppen zurückzugeben[1]. In eine Situation, in der die Rettung der Systemkontinuität nur noch in einer militärischen Intervention liegt, wird eine Armee in Entwicklungsdiktaturen auch wohl immer wieder hineingeraten, wenn die politische Führungsschichten noch zu spärlich, die sozialen und staatlichen Institutionen noch zu schwach sind und die soziologische Dürftigkeit von Mittelschichten als eine Behinderung anzusehen ist, um eine breite demokratische Verantwortungsbasis in einem Land zu entwickeln.
Die Mittelschichtenstruktur einer Gesellschaft, von vielen Demokratietheoretikern als eine entscheidende Voraussetzung dafür angesehen, daß in einem Land der Durchbruch zu stabilisierten demokratischen Verhältnissen gelingt, ist beispielsweise in Chile – im Gegensatz zu den meisten Ländern Lateinamerikas – seit Jahrzehnten ausgeprägt. Das Motiv, gegen eine soziologisch schwachentwickelte Demokratie eine Militärherrschaft zu errichten, was am häufigsten der rechtfertigende Anlaß zu einem militärischen Staatsstreich ist, bestand demnach in Chile nicht. Aus der normalen Typologie von Systemen der Militärherrschaft fällt Chile aber auch heraus, da die Errichtung einer Militärjunta zumeist in Ländern mit einer putschistischen Tradition erfolgt. Zu dieser Tradition gehört es, daß im staatlichen Rollenverständnis der Armee bereits eine Programmierung auf den Staatsstreich vorliegt. Die Verlockung für eine Armee, sich für eine Übernahme innenpolitischer Verantwortung zur Verfügung zu halten, kann besonders entstehen, wenn lediglich ein geringer Spielraum für die Belastung mit eigentlichen militärischen Aufgaben vorliegt. Eine Armee, die im Zuge einer staatlichen Entwicklung des nationalen und

weltpolitischen Bedeutungsrückgangs nur noch von einem militärgeschichtlichen Ruhm zehren kann, ist sicher versucht, ihre Aufgabe – eigentlich zweckentfremdet – in der Innenpolitik zu suchen.

Die Armeen in Lateinamerika haben jedoch noch nicht einmal die Möglichkeit, in eine historische Ruhmessymbolik zu flüchten. Mit Ausnahme des Mythos der Befreiungsbewegung zu Anfang des 19. Jahrhunderts und des darauf beruhenden Feldherrnruhms von *San Martin* und Bernardo *O'Higgins* ist Lateinamerika zwar der klassische Kontinent der militärischen Staatsstreiche, aber nicht der Kontinent äußerer Kriege geworden. In fast allen Ländern Lateinamerikas gibt es daher die Tradition des militärischen Staatsstreichs und wechselnder Juntasysteme. »Chile und Uruguay sind die einzigen Länder Südamerikas, in denen sich die Armee traditionsgemäß nicht in die Politik einmischt«, meinte Lorenz *Stucki* noch im Jahre 1971[2].

Inzwischen haben die Militärs in Chile und Uruguay die Tradition der politischen Enthaltsamkeit durchbrochen. Aus unterschiedlichen Gründen zwar, aber unverkennbar in einer Tendenzlinie liegend, die nicht nur Lateinamerika erfaßt hat, sondern im Taumel euphorischen Demokratisierungsglaubens und im Emanzipationsstadium der Entkolonisierung einen interkontinentalen Vorgang des politischen Systemwandels darstellt.

Entgegen dem Glauben, daß unser demokratisches und soziales Zeitalter auch den immer stärkeren Durchbruch des zivilen Geistes und die Zurückdrängung militärischer Äußerlichkeitsformen des gesellschaftlichen und staatlichen Zusammenlebens erbringt, fällt eine empirische Analyse politischer Systeme, die nach der Existenz militärischer Geprägestrukturen fragt, ganz anders aus. So ist nicht zu verkennen, daß die Selbstdarstellung der kommunistischen Staatenwelt zu einem pompösen militärischen Gepränge geführt hat, das die paradefreudigen Zeiten der deutschen Militärgeschichte noch übertrifft[3].

In den asiatischen Staatsbildungen überwiegt, von Indien, Japan, Neuseeland und Australien abgesehen, das militärische Stilelement in der Repräsentation des Staatslebens – einschließlich der Militarisierung der Lebensstrukturen im maoistischen Rotchina.

Der Systemwandel in der arabischen Staatenwelt, wie er sich nach dem Zweiten Weltkrieg vollzog, hat – mit einer gewissen Ausnahme, die für Tunesien und den Libanon zutreffend ist – fast zu einem Einheitsbild durch die Errichtung von Militärdiktaturen geführt. Keinen Weg zu einer westeuropäisch geprägten parlamentarischen Demokratie gab es in der modernen arabischen Staatsentwicklung, sondern der Militärputsch wurde als blind gewähltes, aber offensichtlich strukturell naheliegendes Mittel bevorzugt, um aus allen nationalen und sozialen Miseren herauszukommen.

Inzwischen ist unbestreitbar, daß ein juntahafter Umsturzeifer eigentlich auf Illusionen beruht. Gamal Abd el *Nasser*, lange Jahre hindurch ein Idol für geglückte militärische Staatsstreiche, schrieb nach dem Putsch 1952 höchst aufrichtig von seinen Überschätzungen: »Ich kann bezeugen, daß es seit dem 23. Juli gewisse kritische Augenblicke gab, in denen ich mich selbst, meine Kameraden und die übrige Armee anklagte, wir hätten mit dem, was wir an diesem Tag taten, übereilt und wahnsinnig gehandelt. Vor dem 23. Juli hatte ich mir nämlich eingebildet, die ganze Nation stehe gewissermaßen auf den Zehenspitzen bereit zur Aktion, und sie warte nur auf eine Vorhut, die den Sturm auf die Außenmauern unternehmen würde, um dann in geschlossenen Reihen vorzubrechen und gläubig dem großen Ziele entgegenzumarschieren ... Nach dem 23. Juli war ich entsetzt über die Wirklichkeit. Die Vorhut hatte ihre Aufgabe gelöst, die Mauern der Tyrannenfestung gestürmt, Faruk zur Abdankung gezwungen – und nun stand sie da und wartete auf das Eintreffen der Massenformationen«[4].

So begann die Utopie des progressiven Aufbruchs, die Überzeugung, es bedürfe nur einer kurzweiligen Machtübernahme, um dann bald der Ideologie einer längerfristigen Machtrechtfertigung zu weichen, ein Bewegungsmechanismus, der nicht nur in den arabischen Ländern oder lediglich in Militärdiktaturen registriert werden muß. Die sympathische, einstweilen noch unpolitische Bescheidenheit, die aus Nassers Worten zu Anfang seiner Herrschaft herausgelesen werden kann, wurde demnach recht bald durch die Hervorkehrung eines autoritären Führungsmythos ersetzt, der sich auf die Gestalt Nassers konzentrierte[5].

In Schwarzafrika ist die Entwicklung nach den ersten Stadien politischen Machtbesitzes, als Folge kolonialer Entbindung, mit präziser Eindeutigkeit auf die Errichtung von Militärdiktaturen zugelaufen. Nach einer kurzen Übergangsphase von zivilen Regierungen gab es zwischen 1960 und 1970 ungefähr dreißig Militärputsche, die durchweg erfolgreich verliefen: in Dahomey 1963, im Kongo (Zaire) 1965, in Ghana, Obervolta, Burundi, Nigeria und in der Zentralafrikanischen Republik 1966, in Togo 1967, in Mali, Kongo Brazzaville 1968, in Somalia 1969, in Uganda 1971, in Madagaskar 1972, in Ruanda 1973 und in Äthiopien 1974.

Wenngleich auch die Umsturzmotivation zwischen revolutionären, restaurativen, reaktionären, rechtsfaschistischen und linksfaschistischen Akzentsetzungen schwankt, die strukturelle Voraussetzung, daß sich die Armee infolge der Schwäche der politischen Institutionen und Kräfte als Ordnungsfaktor versteht und die Chance zur Errichtung einer Militärdiktatur nützte, ist fast auf dem gesamten schwarzafrikanischen Kontinent vorliegend[6].

Und es steht inzwischen wohl außer jeglichen Zweifels, daß durch den Systemwechsel in Portugal auch die afrikanischen Kolonien, die Portugal bisher noch hatte, in den dynamischen Bewegungsraum einer sozialen und politischen Veränderungspotentialität hineingeraten sind. Die Durchdringung der Weltkarte mit Militärherrschaften erfolgte in allen Kontinenten – in Asien, Afrika, dem Nahen Osten und auch in Südamerika. Nicht nur die wirtschaftliche

Aufbruchsenergie, die sich mit der von John F. Kennedy verkündigten »Allianz für den Fortschritt« als gewaltige soziale Motivation Anfang der sechziger Jahre zu entfalten schien, ist in ein Stadium der realistischen Reformerlahmung eingetreten, auch die demokratischen Flecken auf der südamerikanischen Landkarte sind seltener geworden. Mag man es auch begrüßt haben, daß präsidentielle Demokratien mit einem unübersehbaren Korruptionsgefälle, wie es zweifellos in Peru unter der Regierung von Belaunde Terry sichtbar geworden war, einem System der Militärjunta 1968 weichen mußten: der Trend zur Verringerung nomineller und faktischer Demokratien und zur Errichtung von Systemen der Militärherrschaft ist auch in Lateinamerika unverkennbar. Verwunderung braucht es daher nicht auszulösen, wenn Länder mit einer fast ununterbrochenen Putschtradition, wie in Bolivien, im Zuge eines Staatsstreichs lediglich eine Auswechselung unter militärischen Machtgruppen vornehmen, oder wenn Militärdiktaturen wie das System des Generals Stroessner in Paraguay eine jahrzehntelange Stabilität beweisen. Irritierend ist vielmehr, daß Länder Lateinamerikas, von deren demokratischen Konsistenz – man glaubte überzeugt sein zu können –, wie Brasilien, Uruguay und Chile, wenngleich auch durch unterschiedliche Ursachen bedingt, in ihrer staatlichen Entwicklung einen demokratischen Systembruch erfahren mußten. Und jeweils war dort wie auch anderswo die Errichtung einer Militärherrschaft der scheinbar einzige Ausweg aus einer Staats- und Demokratiekrise. Es will daher schlecht in das Bild unserer gängigen politischen Illusion hineinpassen, wonach die fortschreitende Demokratisierung und zunehmende Zivilität unserer staatlichen Institutionen die entscheidenden Antriebskräfte unseres Zeitalters sind, wenn allenthalben in allen Erdteilen eine neue Ära der Verwendung des Militärs als politischer Systemfaktor ihren Anfang nimmt.
Diese militärische Stilisierung politischer Systeme, ob in

Ost oder West, in Industriestaaten oder in Ländern der Dritten Welt, ist keinesfalls eine von vornherein gewünschte Form staatlichen Zusammenlebens. Der Einbruch des Militärischen als politisches Integrations- und Strukturelement geschieht oftmals notgedrungen – und bricht außerhalb der politischen Theorienbildung und soziologischer Systemerwartungen durch.

So scheint der antimilitärische Ausgangspunkt des Sozialismus jede Anzweiflung überstehen zu können – trotz der emotionalen Empfänglichkeit vieler Sozialisten für militärisches Gepränge, angefangen von Friedrich Engels, August Bebel, Gustav Noske, Helmut Schmidt bis Georg Leber. Aber sogleich mit der Errichtung eines sozialistischen Systems in Rußland stand Lenin vor der Notwendigkeit, durch den Aufbau der Roten Armee die Machtergreifung zu sichern. Alle Staaten Ost- und Südosteuropas, die in der Folge des Zweiten Weltkriegs ein Opfer der sowjetrussischen Herrschaftsausdehnung wurden, verdanken ihr kommunistisches Zwangsschicksal nicht etwa einer ideologischen Begeisterungswelle, sondern einzig und allein der Präsenz der Roten Armee[7].

Mao Tse-tung siegt zuerst militärisch, bevor er durch nachher vollzogene ideologische Einschulungsakte sein System in Rotchina abstützte. In dem Urteil liegt Sicherheit, wenn Botho *Kirsch* eine Parallelität zwischen der Entwicklung in den beiden kommunistischen Großstaaten sieht: »Militarismus, Hegemoniestreben und Großmachtchauvinismus gibt es in der Sowjetunion wie in der Volksrepublik China«[8].

Die Notwendigkeit eines revolutionären Usurpationsstaates, im Stadium der Herrschaftsfestigung zur Erhöhung der Autorität den Anschluß an eine traditionale Staatssymbolik zu suchen, ließ in der Sowjetunion die Militarisierung des staatlichen Lebens immer stärker werden.

Zur Kennzeichnung dieses noch wachsenden Einflusses des Militärs in der Sowjetunion sagt Richard *Löwenthal* zu Recht, »daß die verantwortlichen Führer der Streitkräfte heute mehr als jemals zuvor – und gewiß weit mehr als zu Zeiten Chruschtschows – in den Prozeß der Vorbereitung all jener politischen Entscheidungen integriert sind, die für sie relevant werden können«[9].

Doch nicht allein in sozialistischen Ländern oder im Staatenblock der Dritten Welt ist die Armee als politischer Systemfaktor in ständigem Vormarsch begriffen. Auch in den USA, einem traditional zivilen Land, hat, allein schon durch die Verwicklung der Vereinigten Staaten in die beiden Weltkriege, die Armee eine erhöhte Bedeutung im politischen Gestaltungssystem des Staates nach und nach erlangt[10]. Dazu trug schließlich aber noch bei, daß die amerikanischen Streitkräfte auch nach dem Zweiten Weltkrieg als eine Art der »Weltpolizei« in Korea, im Libanon und in Vietnam zum direkten Einsatz kamen und in vielen Teilen der Welt noch heute stationiert sind. Die Folge ist ein Bewußtsein der militärischen Unentbehrlichkeit, das niemals ohne innenpolitische Folgen bleibt.

Natürlicherweise ist die Rolle des Militärs in den USA nicht so erheblich als in der Sowjetunion. Wenngleich auch in einem System der totalitären Diktatur die zentrierende Entscheidungsgewalt nicht bei der Armee, sondern in den Händen eines monopolistisch agierenden Parteiapparates liegt, gibt eine parlamentarische Demokratie der Armee noch geringere Rollenchancen.

Jene Staaten, die der Armee heutzutage die geringste Bedeutung einräumen, liegen durchweg in Europa. Zweifel an der Verteidigungsnotwendigkeit, Problematisierungen der militärischen Funktionswelt getragen von kräftigen Gruppen der öffentlichen und der veröffentlichten Meinung, haben in manchen europäischen Staaten zu einem ausgesprochenen antimilitärischen Masochismus geführt. Die Folge dieses militärischen Bedeutungsschwunds in Europa hat aber keineswegs zur Stärkung eines zivilen politischen Demokratiebewußtseins beigetragen; dadurch wurde vielmehr die Labilitätsentwicklung der politischen Systeme in Europa gefördert, was immer wieder eine europäische Untergangsstimmung durchdringen läßt.

Europa ist – und es darf auch nicht – der Systemmode der Militärdiktatur zum Opfer fallen. Es wird sich diesem Sog aber nur entziehen können, wenn die Pazifizierung des demokratischen Denkens nicht jede Bereitschaft zu militärischer Verteidigung ausschließt.

[1] Vgl. Eduard Neumaier, Erneuerung von unten, Die Türkei sucht ein Ende der Generalsherrschaft, Die Zeit, 9. Nov. 1973.
[2] Lorenz Stucki, a.a.O., S. 169.
[3] In der kommunistischen Staatenwelt hat sich, trotz der internationalistischen Anfangsperspektive des Marxismus-Leninismus, das Bündnis zwischen Nationalismus und Militarismus als stabilste Rechtfertigungsgrundlage des politischen Systems erwiesen; vgl. Hans Hartl, Nationalismus in Rot, Die patriotischen Wandlungen des Kommunismus in Südosteuropa, Stuttgart 1968.
[4] Gamal Abd el Nasser, Die Philosophie der Revolution, hrsg. und kommentiert von F. R. Allemann, Frankfurt 1958, S. 18/19.
[5] Vgl. zur erheblichen und verfassungsrechtlich bevorzugten Stellung Nassers die Studie von: Nadim und Marion Sradj, Die Verfassung der VAR vom 25. März 1964, Zur Herrschaftsstruktur des Nasser-Regimes, in: Verfassung und Recht in Übersee, 4. Heft, 1970.
[6] Vgl. Wolfgang Höpker, Das Militär als Retter? Für die Armee ist es leichter zu putschen als zu regieren, Deutsche Zeitung, Nr. 38, 20. September 1974, S. 7.
[7] Vgl. Ladislaus Singer, Sowjet-Imperialismus, Stuttgart 1970.
[8] Botho Kirsch, Sturm über Eurasien, Stuttgart 1971, S. 10/11; vgl. dazu ebenfalls: Jürgen Domes, Politik und Herrschaft in Rotchina, Stuttgart, Berlin, Köln, Mainz 1965; Harry Hamm, Das Reich der 700 Millionen, Düsseldorf und Wien 1965.
[9] Richard Löwenthal, Vorwort in dem Buch von Boris Lewytzkyi, Die Marschälle und die Politik, Eine Untersuchung über den Stellenwert des Militärs innerhalb des sowjetischen Systems seit dem Sturz Chruschtschows, Köln 1971, S. 8.
[10] Vgl. Tristan Coffin, Die Schildträger der freien Welt, Militarismus und Militärwesen in den USA, Wien–Berlin–Stuttgart 1964.

5.

Demokratietendenz und industrielle Dynamik – kein Anlaß zum Optimismus

Der Versuch einer Verpflanzung der Demokratie in andere Länder und Kontinente ist schon häufig mißglückt. Und noch nicht einmal auf dem europäischen Kontinent erwies der Gedanke der Demokratie seine durchschlagende Ausdehnungsfähigkeit. Die Idee der Demokratie ist unbezweifelbar griechisch-antiken Ursprungs. Doch Jahrhunderte hindurch wurde die Möglichkeit, der demokratischen Idee zur Wirklichkeit zu verhelfen, durch andere Vorstellungen vom Zusammenleben der Menschen überformt[1].
Neuzeitliches Denken, bestimmt durch einen Durchbruch rationaler Wissenschaftlichkeit, und eine industriegesellschaftliche Entwicklung fielen als auslösende Elemente zusammen, um einen Prozeß der europäischen Demokratiebildung einzuleiten. Seitdem ist es eine augenscheinliche Erfahrung, daß sich die gleichzeitige Existenz einer demokratischen Staatsform und einer industriegesellschaftlichen Lebensstruktur gegenseitig bedingen[2]. Aus der Kenntnis dieses Zusammenklangs von Demokratie und industrieller Gesellschaft sind aber bedauerlicherweise eine Reihe theoretisch fahrlässiger Entwicklungskonzeptionen entstanden.
Es ergab sich die naive Vorstellung, man brauche ein Land lediglich in eine demokratische Verfassungsordnung hineinzustecken, um bereits einen Prozeß der industriegesellschaftlichen Dynamik auszulösen. Daraus gingen aber jeweils Militärdiktaturen hervor oder quasidemokratische Systeme, in denen die Parteien durch die Herrschaft oligar-

chischer Gruppen und Cliquen bestimmt wurden. Nicht *industrielle Dynamik*, sondern *zementierte Statik* war die Folge. Die politische Machtverteilung spielte sich unter wenigen Gruppen oder gar Familien ab.

Die andere Vorstellung, zwar verbreiteter aber in gleicher Weise naiv, entwickelte sich aus der Konzeption, daß der industriegesellschaftliche Fortschritt gleichsam naturgegeben auch zur Errichtung demokratischer Verfassungsformen in einem Staat führen kann. Der Traum, daß wirtschaftliche Technologie zur politischen Technologie wird und durch die geschichtsphilosophische Begründung von der Zwangsläufigkeit einer Demokratietendenz in der Geschichte die Identität von Demokratie und Industrialisierung ein ehernes Gesetz darstellt, hat vielfach zu einem analytischen Leichtsinn in der Beurteilung sozialer und politischer Entwicklungschancen geführt. So nennt denn auch Richard F. *Behrendt* die entwicklungspolitischen Konzeptionen von Walt W. Rostow naiv, obgleich sie einen Grad einflußreicher Verbreitung fanden, da er »die Bedeutung der gesamtkulturellen Sphäre und die Problematik der interkulturellen Unterschiede unberücksichtigt läßt«[3].

Selbst eine Analyse der leidvollen Demokratiegeschichte Europas zeigt indessen auch, daß lange Zeit hindurch die Expansion der Demokratie als Verfassungsform auf die Länder Westeuropas beschränkt blieb und sogar die Industrieländer Mitteleuropas davon lange ausgeschlossen waren. Es ist zwar eine bittere europäische Erfahrung gegen jeden demokratischen und industriellen Optimismus; aber die industriegesellschaftliche Dynamik löst keinen zwangsläufigen Druck zur demokratischen Entwicklung eines Staates aus. Lediglich, wenn die industrielle Wirtschaftsgeschichte mit der Entwicklung demokratischer Ideen einhergeht, kann sich eine ungefähre Gleichzeitigkeit von wirtschaftlicher und politischer Entwicklung ergeben. Und selbst bei einem gleichzeitigen Verlauf von industrieller Entwicklung und demokratischer Verfassungsgestaltung, wenn das eine oder

andere zu sehr auf äußere Verursachungen zurückzuführen ist, kann sich der politische und soziale Systembruch ergeben. Überall ist wohl ein genügendes Reservoir an politischen und sozialen Mittelschichten, die sich der Idee der Demokratie verpflichtet fühlen, der entscheidendste Stabilitätsfaktor für ein demokratisches System.
Es mag zwar immer eine Versuchung sein, in einer Neigung für systemvergleichende Analogien eine Gleichzeitigkeit und eine Gleichartigkeit in den Wachstumsentwicklungen der Wirtschaft und der Demokratie anzunehmen. Aber nicht nur die Gleichheit der Wachstumsphasen in der Wirtschaft – was Raymond Aron schon einen Mythos nennt – ist zu bestreiten, selbst bei einem Vergleich mehrerer Länder auf ein und demselben Kontinent und derselben geschichtlichen Entwicklung ergibt sich ein gegensätzlicher Verlauf in der politischen Entwicklung[4].

[1] Vgl. zum langwierigen Prozeß des Durchbruchs des Demokratiegedankens in der europäischen Geschichte: Gerhard Möbus, Europäische Humanität als politische Formkraft, Osnabrück 1965.
[2] Vgl. Paul Bairoch, Die dritte Welt in der Sackgasse, Wien, 1971; Bairoch, Professor für Wirtschafts- und Entwicklungsgeschichte an der Universität Genf, beschreibt in Übereinstimmung mit vielen anderen Autoren die Genesis, der industriellen Revolution, die Europa seit dem 18. Jahrhundert in eine Dynamik der gesellschaftlichen und politischen Entwicklung hineingeführt hat, bes. S. 46 ff.
[3] Richard F. Behrendt und Volker Lühr, Voraussetzungen einer globalen Entwicklungspolitik, in: Voraussetzungen einer globalen Entwicklungspolitik und Beiträge zur Kosten- und Nutzenanalyse, hrsg. von Rudolf Meimberg, Berlin 1971, S. 20.
[4] Vgl. Raymond Aron, Die industrielle Gesellschaft, Frankfurt, Hamburg 1964, insbes. S. 8; die von Behrendt und Aron kritisierte Einseitigkeit wurde von Walt W. Rostow, einem der Berater von John F. Kennedy, in seinem Buch »Stadien wirtschaftlichen Wachstums. Eine Alternative zur marxistischen Entwicklungstheorie«, Göttingen 1967, entwickelt.

6.

Ungeduld als Systemkritik – Die Brecheisen der Guerillas verändern keine Strukturen

Wirtschaftliche Krisen sind nie allein der Auslösungsfaktor für Systembrüche. Revolutionäre Theorien und Verlockungen zum gewaltsamen Umsturz kommen als Ursachen hinzu. Man sucht daher auch vergeblich, wenn der Aufstieg Allendes zum Präsidenten Chiles ausschließlich in wirtschaftlichen Ursachen gesehen wird. Und wäre Allende länger an der Macht verblieben, seine Ausstrahlung auf andere Länder Lateinamerikas hätte auf einem mythologisierten revolutionären Glanz, nicht auf einem Nimbus des wirtschaftlichen Erfolgs beruht – den sozialistische Wirtschaftssysteme bislang noch nirgendwo sicherstellen konnten[1].

Die Gewinnung einer politisch-revolutionären Ausstrahlung des Allende-Experiments ist wohl auch gemeint, wenn es in einer wohlwollenden Darstellung der Entwicklung Chiles zum Anfang von Allendes Präsidentschaft heißt:

> »Weitgehende Übereinstimmung bestand darin, daß eine sozialrevolutionäre Umwälzung und längerfristige Stabilisierung neuer Verhältnisse in diesem, im äußersten Südwesten Lateinamerikas gelegenen Land nicht nur für den Kontinent, sondern sogar für das internationale Kräfteverhältnis immense Bedeutung haben würde«[2].

Die Bedeutung, die Allende von sozialistischen Gruppen der verschiedensten Ausrichtung beigemessen wurde, ging demnach weit über eine Resonanz in Lateinamerika hinaus. Jede Festsetzung des marxistischen Sozialismus in irgendeinem Land wurde bislang als sozialistische Aufbruchsstunde gefeiert. Diese sozialistischen Euphorien begleiteten die russische Oktoberrevolution von 1917, die Münchner Räteregierung, die Räterepublik von Béla Kun in Ungarn, die Bildung einer rotspanischen Regierung 1936 ebenso wie die Machtergreifung Fidel Castros und den Präsidentschaftsantritt Allendes. Das hängt mit dem sozialistischen Bestätigungszwang zusammen, der aus der Annahme entspringt, daß die Welt den Sozialismus unentrinnbar als historische Notwendigkeit erfahren muß.

Fidel Castro kam in Kuba zur Macht aus der Gunst eines gelungenen Partisanenkrieges. Nach Errichtung des fidelistischen Regimes in Kuba trat aber nicht – wie erwartet – eine revolutionäre Erosion in Lateinamerika ein. Dadurch ließ wiederum eine sozialistische Gesetzmäßigkeit auf ihre Bestätigung warten. Die Antwort auf das Ausbleiben weiterer sozialistischer Systemeroberungen war die Verlegung auf den Guerillakrieg. Wie in Europa nach dem Scheitern offener Aufstände die Kommunisten in die Taktik des Untergrunds auswichen, um dadurch ihr Ziel der Zerschlagung bestehender Staaten zu erreichen, fand in Lateinamerika die abgewandelte Form des Guerillakrieges zum Zwecke der Zurechtbiegung der sozialistischen Heilshoffnung ihre Anwendung. Darauf baute die von Ernesto Che *Guevara* entwickelte Theorie und Praxis des Guerillakrieges wie auch die besondere Methode der Stadtguerillataktik von Carlos *Marighela* auf.

Während Guevara die These vertrat: »Im unterentwickelten Amerika müssen Schauplatz des bewaffneten Kampfes die ländlichen Gebiete sein«, sah Marighela den Schwerpunkt der Guerillataktik in der Unübersichtlichkeit der modernen Großstädte[3]. Er wußte zwar auch die Landguerilla und den psychologischen Krieg gegen die bestehenden politischen Systeme in ihrer Bedeutung einzuschätzen, gibt jedoch der Stadtguerilla den Vorzug: »Das Gebiet der Stadtguerilla ist das der großen brasilianischen Städte«[4].

Nach jahrelangen Erfahrungen mit verschiedenen Guerillastrategien sollte klar geworden sein, daß die Stadtguerillataktik erfolgreicher ist als die Tätigkeit der Landguerilleros. Ein Grund ist sicherlich, daß Landguerilleros keine Chancen besitzen, ähnlich sensationelle Erfolge zu erzielen wie sie eine Guerillatätigkeit in einer Großstadt zuwege bringen kann. Die Stadtguerilla ist viel schwieriger unter Kontrolle zu bringen. Und ihre Chance wächst mit der Dichte der Besiedlung eines Landes. Es muß mit verstärkter Deutlichkeit gesehen werden, daß industrielle gesellschaftliche Strukturen anfälliger sind gegen Schalthebelattentate, die den Rhythmus von Großstädten lahmlegen können. Die partiell unabhängigen ländlichen Strukturen hingegen erzittern nicht, wenn dort eine Guerillatätigkeit vorkommt.

Damit mag zusammenhängen, daß Lateinamerika kein zweites Vietnam geworden ist, wie es eine theoretische Spekulation von Guerillastrategen einige Zeit gewesen sein mochte[5]. Sowenig die kommunistische Untergrundtätigkeit in Europa bisher Erfolge verzeichnen konnte, mit Ausnahme des Erfolgs der zeitweiligen Unruhe und der Verunsicherung bestimmter politischer Kreise in manchen Ländern, ebensowenig hatte die Guerillastrategie in Lateinamerika Erfolg. Fritz René *Allemann* zieht einen richtigen Schluß, wenn er die Bilanz bisheriger Guerillatätigkeit in Lateinamerika offenlegt: »Es steht fest, daß die lateinamerikanische Guerilla des letzten Jahrzehnts, also nach der kubanischen Revolution, ihr Ziel nirgends erreicht, sondern die Revolutionäre in eine ganze Folge von Katastrophen hineingeführt hat«[6].

Guerillastrategien beruhen auf der revolutionären Leidenschaft zum Abbau, zur Zerstörung. Was Lateinamerika und allen Ländern der Dritten Welt nottut, ist jedoch nicht nur der Aufbau der ohnehin spärlichen politischen und sozialen Infrastrukturen, sondern die Eröffnung pragmatischer Wege, die durch eine soziokulturelle Dynamik die Wertziele der sozialen und politischen Modernität erreichbar werden lassen. Dieser Prozeß einer Dynamisierung der sozialen und politischen Gestaltungsvorgänge erträgt nicht die Ungeduld des Revolutionärs – und noch weniger die Sabotagelust der Guerillas.

Es muß demnach viel mehr zu einer weltverbreiteten Gewißheit werden, daß demokratische und technologische Übertragungsmodelle sowenig der in vielerlei Not sich befindenden Dritten Welt helfen können wie die ungeduldige Strategie des Guerillas. Der utopische Euphorismus der amerikanischen Weltbeglückungsdemokratie, inzwischen zur Verblüffung seiner Erfinder als US-Imperialismus diffamiert, ist kein Nachahmungsmodell für die Lösung der sozialen und politischen Problematik in den Ländern der Dritten Welt.

[1] Zur Ineffizienz sozialistischer Wirtschaftssysteme vgl.: Michael Kaser, Wirtschaftspolitik der Sowjetunion, Ideologie und Praxis, München 1970; Karl Krüger, Der Ostblock, Die Produktion des östlichen Wirtschaftsblockes einschließlich China nach dem Schwerpunktprogramm, Berlin 1960; Werner Obst, DDR-Wirtschaft, Modell und Wirklichkeit, Hamburg 1973; Karl C. Thalheim, Grundzüge des sowjetischen Wirtschaftssystems, Köln 1962.
[2] Dieter Boris, Elisabeth Boris, Wolfgang Ehrhardt, Chile auf dem Weg zum Sozialismus, Köln 1971, S. 7.
[3] Ernesto Che Guevara, Guerilla-Theorie und -Methode, Berlin 1972, S. 23.
[4] Alves/Detrez/Marighela, Zerschlagt die Wohlstandsinseln der III. Welt, Reinbek bei Hamburg 1971, S. 41.
[5] Vgl. das gleichnamige Werk von Douglas Bravo, Fidel Castro, Régis Debray, Ernesto Che Guevara u. a., Lateinamerika – Ein zweites Vietnam?, Reinbek bei Hamburg 1968.
[6] Fritz René Allemann, Macht und Ohnmacht der Guerilla, München 1974, S. 11.

7.
Industrielles Know-how für feudale Strukturen Lateinamerikas? Sozioethnische und soziokulturelle Probleme in den lateinamerikanischen Gesellschaftsstrukturen

Revolutionäre Bewegungen in Lateinamerika nützten zwar immer gern den moralischen Impuls der amerikanischen Unabhängigkeitsmythologie aus, und auch die materielle Hilfe der Vereinigten Staaten wurde immer wieder in Anspruch genommen. Aber ein industriegesellschaftliches Know-how im Sinne einer modernitätsdynamischen Aufschließung des Subkontinents entstand trotz einer nun seit über hundert Jahren währenden Tradition der amerikanischen Intervention in Südamerika nicht. Diese Feststellung hat Gewicht, wenngleich auch die lateinamerikanischen Staaten einen unterschiedlichen Standard an Modernisierungs-Approach aufweisen.

Der unterschiedliche Modernitätsstandard der lateinamerikanischen Staaten hängt nur ganz partiell vom Ausmaß der ausländischen Intervention in das wirtschaftliche Geschehen ab. Für eine Konstellationsanalyse des Modernisierungs-Approachs ist erst einmal die Aufweisung der einheimischen Bedingungen und Ressourcen erforderlich[1]. Dabei erweist sich recht schnell, daß Lateinamerika, trotz der geographischen Geschlossenheit des Subkontinents, einer gemeinsamen Geschichte der Eroberung und des Leids, sich als eine Vielzahl von Staaten mit höchst unterschiedlichen Entwicklungsbedingungen herausstellt.

Für einen europäischen Besucher der lateinamerikanischen Staatenwelt stellt sich die verblüffende Erfahrung heraus, daß schon die informative Kommunikation zwischen lateinamerikanischen Nachbarländern geringer ist als zwischen europäischen Staaten. Und die Schichtenisolierung, wie sie auch in europäischen Gesellschaftsstrukturen vorkommt und zu einem Nebeneinander von Gruppen in lokalen Gebilden führt, ist in Lateinamerika erheblich größer. Es ist nicht nur ein »Nebeneinander-Leben« von Reich und Arm in den großen Städten, ohne daß soziale oder mitmenschliche Beziehungen oder nur Berührungen entstehen, auch Schichten, die in ökonomischen und beruflichen Positionen gleich sind, begegnen sich nicht.

Die schwer begreifbare Struktur der sozialen Gruppenisolierung ist jedoch nur eine verhältnismäßig geringfügige Entwicklungssperre in Lateinamerika. Zur Unerträglichkeit der klimatischen Lebensbedingungen in den Binnenlandregionen Lateinamerikas, die eine infrastrukturelle Modernisierung sehr erschweren und zu Menschenverdichtungen in den Städten und Küstengegenden führen – wodurch manche lateinamerikanische Länder zu partiellen Massengesellschaften von strukturlabiler Morbidität werden – kommt eine sozioethnische Vielfalt von einem geradezu sprengenden Spannungstableau hinzu. Die wirtschaftliche und soziale Leistungsfähigkeit der lateinamerikanischen Staaten läßt sich an der Frage messen, wie breit oder schmal dieses sozioethnische Spannungstableau ist: Länder mit einem großen Anteil an Urbevölkerung, die lediglich durch ein Transistorgerät mit den modernen Weltrhythmen verbunden sind – wie zum Beispiel in den drei Indioländern Ecuador, Peru und Bolivien, haben eine geringere Modernisierungschance als Länder mit einem hohen Anteil an Menschengruppen, die europäischer Herkunft sind. Das ist zum Beispiel in Chile der Fall; seine Bevölkerung setzt sich weitgehend aus französischen, deutschen, italienischen, spanischen und jüdischen Einwanderungsgruppen zusammen, die noch heute in regionalen und schichtenspezifischen Einheitsstrukturen auftreten.

Die Zusammenfügung der europäischen Einwanderungsgruppen im Schmelztiegel eines chilenischen Gesellschaftsbewußtseins wurde sodann noch konturiert durch den sich wechselnden kulturellen Einfluß insbesondere Frankreichs, Deutschlands und Spaniens auf den Modernisierungstrend in Chile. Wie stets, wenn kulturelles Erbe in einer neuen Umwelt bewahrt wird, hat diese Erfahrung auch in Chile dazu geführt, daß europäisches Kulturbewußtsein tradiert fragloser erscheint, als in manchen europäischen Ländern, die selbst Ursprung der verpflanzten Kultur sind.

Diese sozioethnische Zusammensetzung der Bevölkerung Chiles hat das Modernisierungspotential in einem weiteren Sinne erhöht: es konnte auf die Vorzugseigenschaften mehrerer europäischer Völker zurückgegriffen werden. Der Wettbewerb zwischen verschiedenartigen europäischen Kultureinflüssen hat sicher – ebenso wie in den USA – zur Herausprägung einer neuen chilenischen Gesellschaftsindividualität geführt, die einen Rückfall in eine entkulturierende Marginalität verhindert hat[2].

Wenn klimatisch erträgliche Voraussetzungen und ein zivilisationsgeübter sozialer Schichtenaufbau die minimalen Bedingungen für ein System der Entwicklungsdynamik ermöglichen, wenn nicht nur ein industrielles Know-how, sondern auch ein soziokulturelles Know-how als Vorbedingung zur dynamischen Entfaltung eines Landes in das Modell einer modernen Wirtschafts- und Kulturdynamik hineingenommen werden muß, wird verständlich, daß die Lösung der Probleme Lateinamerikas weder in einer Vertreibung europäischer Modelle, Anstöße und Mitwirkungen noch in ihrer unbedenklichen Übernahme liegt.

Es ist jedoch die Zusammenfassung interdisziplinärer Methoden der Sozialwissenschaften erforderlich, um die soziokulturellen und sozioökonomischen Symbiosen, die sich zwischen Europa, Lateinamerika und den USA ergeben, von ideologischen Verzerrungen frei zu halten. Dazu gehört vor allem die Zurückweisung der ideologisierten Thesen, daß die Unterentwicklung Lateinamerikas ausschließlich auf

den westeuropäischen und nordamerikanischen »Kapitalismus« und »Imperialismus« zurückgeführt werden muß. Diese in der neuen sozioökonomischen Literatur insbesondere von Paul A. *Baran* und André Gunder *Frank* verfochtene Auffassung bezeichnet Richard F. Behrendt als »ein Produkt politisch-agitatorischer Phantasie«[3].
Bei der Anerkennung einer solchen These ist lediglich die Bequemlichkeit eines Rasterdenkens gewährleistet, das den schnellen Einklang mit dem marxistischen Terminologiepotential ermöglicht. Daraus entstehen dann im Anschluß an die von A. G. Frank aufgeworfene Frage, ob sich die »Unterentwicklung Lateinamerikas« schon während der Kolonialzeit nach kapitalistischen oder feudalistischen Mustern vollzogen habe, so wortbombastische strategisch sozialistische Empfehlungen wie in dem 1971 erschienenen Buch: »Chile auf dem Weg zum Sozialismus«:

»Was die Einschätzung des Charakters der nächsten Etappe im Revolutionsprozeß in Lateinamerika angeht, so folgt aus der Einsicht in die dialektische Totalität des bisherigen Prozesses und seiner Resultate, daß die Interessen der lateinamerikanischen Bourgeoisie mit denen der imperialistischen Bourgeoisie so eng verwoben sind, daß ihr jegliche progressive Rolle in ökonomischer wie politischer Hinsicht abgesprochen werden muß. Es ist deshalb nicht möglich, eine revolutionäre Strategie in einem unterentwickelten Land (und speziell in Lateinamerika) zu entwickeln, die auf ein Bündnis mit der nationalen Bourgeoisie gegen den Feudalismus und Imperialismus spekuliert«[4].

Von einer »nationalen Bourgeoisie« im Sinne eines Großbürgertums, das in seinen Zielen einig und das nach Franz *Oppenheimer* überall in der Welt nationalistisch ist, während der »Adel oben und das Proletariat unten« überall internationalistisch seien, kann in keinem Land Lateinamerikas geredet werden[5]. Was den Staaten Lateinamerikas zum Durchbruch in ein modernes und dynamisches Gesell-

schaftsgefüge fehlt, indessen für den Aufbau einer beständigen Demokratie von *Aristoteles* bis Seymour Martin *Lipset* unerläßlich ist, sind Mittelschichten, die über den bürokratischen und militärischen Status hinausreichen[6].
Auch die »Beschaffenheit des Feudalismus« in Lateinamerika bedarf einmal einer begrifflichen Analyse. Der Ausgangspunkt für eine Erörterung des Feudalismusproblems ist dabei nicht die von der europäischen Soziologie keineswegs übernommene Deutung des Feudalismus als Durchgangsphase zum Kapitalismus, wie sie Karl Marx vornahm. In einer systematischen Kategorialanalyse der geschichtlichen Phasen in Europa hat Otto *Hintze* in Annäherung an die verstehende Soziologie Max *Webers* die Erscheinung des Feudalismus in drei charakteristischen Merkmalen erblickt:
1. in einem partikularistischen Zug, der gegenüber einer ohnmächtigen Zentralgewalt die herrschaftliche Durchsetzung von Partikularobrigkeiten ermöglicht;
2. in einem Überwiegen des persönlichen, über das anstaltliche Moment in der Ausübung der Herrschaft. Hintze übernimmt dabei die Feudalismusdefinition von Max Weber, der darin das Ergebnis der Herrschaftsbildung durch eine erbcharismatisch begabte Sippe erblickt;
3. in einer hierarchischen Strukturierung, die »auf der engen Verbindung zwischen Staat und Kirche beruht«, wobei diese Verflechtung im stärkeren Maße soziologisch und nicht institutionell verankert ist[7].
Diese Kriterien des Feudalismus finden bei einer sozialstrukturellen Analyse der Staaten Lateinamerikas keine genaue Widerspiegelung. Nicht nur, daß die hier skizzierten Feudalismuskriterien einer germanisch-romanisch-fränkischen Entwicklungsphase der europäischen Geschichte entnommen sind, erklärt die Unübertragbarkeit. Der europäische Feudalismus war keine sozialstrukturelle Summe aus bäuerlichen und industriellen Teilgebilden innerhalb einer Gesamtgesellschaft, sondern war mit Eindeutigkeit vorindustriell und entsprach einem regionalisierten politischen

Herrschaftsmuster, wie es in den Ländern der Dritten Welt heute nicht vorgefunden werden kann. Die Staaten Lateinamerikas sind ja keineswegs geschwächt durch hemmende Dezentralisierung, sondern es sind zumeist wasserköpfige Zentralisationsgebilde ohne infrastrukturellen Hintergrund. Die Ermöglichung einer regionalisierten und dezentralisierten Infrastruktur in den Entwicklungsländern setzt zwar auch, aber nicht nur einen Technologietransfer der Industrieländer voraus. Die Verpflanzung eines technischen Know-how, schon häufig und neuerdings verstärkt als Mittel der Entwicklungspolitik gepriesen, löst keine industrielle Initialzündung aus, wenn die Impulse nur ökonomische Leistungsräume eröffnen[8].

[1] Den Begriff des Modernisierungs-Approachs verwendet im Nachgang zu David Apter zur Kennzeichnung der Modernisierungschance Spaniens Klaus von Beyme in: Vom Faschismus zur Entwicklungsdiktatur – Machtelite und Opposition in Spanien, München 1971, S. 14 ff.

[2] Wie schwierig es für Europa gewesen ist, die USA als originären Staats- und Gesellschaftskörper anzuerkennen, zeigt das neue Buch von Manfred Henningsen: Der Fall Amerika, Zur Sozial- und Bewußtseinsgeschichte einer Verdrängung. Das Amerika der Europäer, München 1974.

[3] Richard F. Behrendt und Volker Lühr, Voraussetzungen einer globalen Entwicklungspolitik, Schriften des Vereins für Sozialpolitik, Neue Folge, Bd. 59, Berlin 1971, S. 15.

[4] Dieter Boris, Elisabeth Boris, Wolfgang Ehrhardt, Chile auf dem Weg zum Sozialismus, Köln 1971, S. 23/24.

[5] Franz Oppenheimer, Erlebtes, Erstrebtes, Erreichtes – Lebenserinnerungen, Düsseldorf 1964, S. 66.

[6] Vgl. Seymour Martin Lipset, Soziologie der Demokratie, Neuwied–Berlin 1962.

[7] Otto Hintze, Feudalismus – Kapitalismus, Göttingen 1970, S. 14/15.

[8] Die Bedeutung des Technologietransfers findet in neueren Konzeptionen der Entwicklungspolitik einen immer stärkeren Niederschlag; vgl. Hans Matthöfer, Für die Mehrheit planen, Technologietransfer muß sich an den Bedürfnissen der Entwicklungsländer orientieren, in: Die Zeit, Nr. 52, 20. Dezember 1974.

8.

Europäischer Technologietransfer für die Dritte Welt –
Der europäische Mythos der Geradlinigkeit, der Totalität und der Übertragbarkeit

Eine Theorie der Industriegesellschaft, die bei der Frage heranzuziehen ist, welche Ursachen die industriegesellschaftliche Dynamik Europas aufzuweisen hatte, muß zugleich auch zur Aufstellung eines Katalogs führen, welche Bedingungen zu erfüllen sind, um die Länder der Dritten Welt in die Dynamik einer industriellen Expansion hineinzuführen. Es ist angebrachte Bescheidenheit, wenn bei einem Gang durch die europäische Wirtschafts- und Sozialgeschichte festgehalten wird, daß nach dem geistesgeschichtlichen Reifesprung in der griechischen Antike – von Karl *Jaspers* als »Achsenzeit der Weltgeschichte« gekennzeichnet – und der philosophisch-theologische Amalgation dem Christentum eine sozialstrukturelle Aggregierung entstand, die durch Jahrhunderte hindurch keine industriegesellschaftlichen Lebensformen zuließ[1].

Erst als die mittelalterliche »Einheitswelt« auseinanderbrach, der Ansturm der Araber und Sarazenen abgewehrt war, Byzanz verlorenging, sich die Symbiose zwischen »Abendland« und »Morgenland« auflöste, erfolgte der Aufbruch in ein industrielles und zweckrationales Zeitalter. Die plötzliche Energieentladung, die sich damals in Europa vollzog, ist nicht mit einer Summierung quantifizierbarer Teileinwirkungen in einen Vergleich zu setzen; es handelt sich vielmehr um einen Mutationsprozeß, wie Hans *Freyer* in einer geschichtssoziologischen Sicht diesen Vorgang bezeichnet, bei dem ohne Quantitätsdruck plötzlich eine wirkliche Qualitätschance für ein neues Leben entsteht, was einen Prozeß auslöst, bei dem »ein gegebenes System durch veränderte Daten in ein neues dynamisches Gleichgewicht übergeführt wird«[2]. Eine soziologische Mutation ist und bleibt ein geschichtlicher Sonderfall und ist daher nicht von jener Häufigkeit, wie im Bereich der biologischen Mutation Jacques *Monod* neuerdings den unvorhergesehenen »Unfall« oder »Zufall« in der Eiweißsynthese als einen Selektionsschritt bezeichnet, der nicht mit den vorhersehbaren Quantenschritten in der Physik auf einer Ebene liegt[3].

Der Aufbruch Europas in eine »Soziale Dynamik als Lebensform« kann auch als eine Kraftanstrengung in der Situation einer durch Verluste, Bedrohungen und Wandlungen bestimmten Zeit verstanden werden, als eine dynamische Reaktion in der Verunsicherung, als Suche nach einer neuen Grundbefindlichkeit[4]. Das gleichzeitig feststellbare Entstehen sozialer und politischer Utopien gibt Aufschluß über den Fluchtoptimismus angesichts einer zusammengebrochenen Welt der vermeintlichen Geborgenheit.

Mit dem Beginn des technischen Zeitalters entstand in Europa ein Prozeß der Desintegration des Menschen zur Natur. Hier fand schon die erste Entfremdung statt, wenngleich der Mensch auch gegen die negativ-schädlichen Einwirkungen der Natur nunmehr besser geschützt wurde. Aus diesem Grunde konnte durchaus Arnold *Gehlen* die »Notwendigkeit der Technik aus den Organmängeln des Menschen« ableiten. Die moralische Legitimation des seither technologisch verdichteten Zeitalters, auf die Anthropologie des Menschen gerichtet, konnte sich als ein System von »Entlastungstechniken, die auf Organentlastung, Organausschaltung« bezogen sind, fortan verstehen[5]. Die Erzeugung einer industriegesellschaftlich bedingten Daseinserleichterung, die Rationalisierung von sozialen und anthropologischen Strukturen, haben allerdings nicht verhindert, daß Mythen der Geradlinigkeit, der Totalität und der Übertragbarkeit in der Beurteilung der künftigen Industriegesellschaft entstanden.

Der Mythos von der *Geradlinigkeit* in der geschichtlichen Entwicklung ergab sich aus der Perspektive der inzwischen allerdings zaghaft gewordenen Fortschrittsgläubigkeit. Das Eindringen von irrationalen und nichtökonomischen Faktoren in das Ensemble der fortschrittspositiv numerierten Gestaltungskräfte innerhalb des historischen Geschehens hat in der neueren europäischen Geschichte zu einer gutgläubigen Oberflächlichkeit im politischen Denken geführt, zu einer Lust am Irrtum; bei Bürgern die Verzagtheit an der Welt dadurch auslösend, bei Staatsmännern die Attitüde der gespielten Verblüffung erzeugend. Der Mythos der historischen Geradlinigkeit machte blind gegen System- und Entwicklungsgefahren, so daß Hans *Habe* in der Registrierung des Unvermögens der heutigen Staatsmänner, wenigstens eine Ahnung von der Gefährlichkeit ihrer Entschlüsse zu haben, für seine Feststellung einnehmen kann, daß wir »offensichtlich in der Epoche der ewig Überraschten« leben[6]. Die bittere Erkenntnis, daß bereits errungene soziale und politische Positionen, im Sinne auch einer demokratischen Verfassungsverfestigung, nicht gehalten werden können, schon freiheitlich gewesene soziale und politische Strukturen in einen rückgangsgesellschaftlichen Sog hineingeraten, erklärt die Verblüffung einer gutwilligen und friedliebenden Weltöffentlichkeit, als völlig überraschend der Einbruch der totalitären Diktaturen und die Errichtung von Militärherrschaftssystemen in unserer Zeit erfolgte[7].

Der Glaube an einen permanenten Kulturfortschritt, auch wenn politische und soziale Systeme gewaltsam bleiben, ist noch der letzte Rest an Optimismus, der sich um den Mythos der historischen Geradlinigkeit gebildet hat.

Auch der Mythos der *Totalität*, wie er sich im industriellen Zeitalter bei Arbeitern und Unternehmern, bei Wissenschaftlern und Politikern gleichermaßen herausgebildet hat, ist eine soziologische und anthropologische Selbsttäuschung. Der Rhythmus der industriellen Dynamik hat keine gleichen Rhythmen in den sozialen und politischen Gestal-

tungsvorgängen hervorgerufen. Den scheinbaren industriellen Perfektionsprozessen entsprach keine Vervollkommnung der politischen und sozialen Gebilde, sondern eine Anhäufung der sozialen und politischen Problematik. Die Folge des industriegesellschaftlichen Expansionsprozesses war in der sozialstrukturellen Entwicklung nirgendwo die Modellierung einer harmonisierten Totalität aller Lebensbereiche, sondern die Entfaltung *sektoraler Welten,* die sich auch innerhalb einer Daseinsgesamtheit manchmal weder berühren noch begegnen. Durch die industrielle Gesellschaft entstand ein Prozeß der *Segmentierung* der Lebensbereiche – ohne kommunikative Transparenz. Die nun auftretenden Antinomien schufen, wie Franz *Borkenau* zu Recht meint, eine bis heute unauflösliche Problematik[8].
Zwar versuchten manche Sozialdenker angesichts der industriegesellschaftlichen Problematik, einen Ausweg durch die Aufstellung sozialer Totaltheorien zu finden, indem man, wie bei Auguste *Comte,* durch die Aufstellung der Dreistadiengesetzes aus einem mechanistischen Optimismus einen geschichtssoziologischen Optimismus konstruierte – oder, wie bei Karl *Marx,* durch die Erhebung des Proletariats zur einzigen geschichts- und zukunftsermächtigten Klasse den Rückgang von der politischen und sozialen Pluralität in eine eindimensionale und damit problemlose Einheitsgesellschaft forderte. Raymond *Aron* erwähnt völlig treffend, daß Marx wie Comte den ungemäßen Ehrgeiz hatten, eine Wissenschaft von der sozialen Totalität zu begründen[9].
Der Drang, abhanden gekommene Metaphysik durch profanisierte Totalität in den sozialen und politischen Strukturen auszugleichen, war allerdings kein Alleingang von Comte und Marx; das 19. Jahrhundert hat, da in ihm die Antinomien zuerst mit einer unübersehbaren Wucht ausbrachen, eine Reihe von geschichtsphilosophischen und -soziologischen Gesamtauslegungen unternommen, die eine Perfektionsnorm ohne Berücksichtigung der Existentialität des Menschen als Heilslehre zu stilisieren versuchten. Was aus

dem Versuch, eine Totaltheorie aufzustellen, jeweils wurde, war eine monokausale Globaldeutung, bezahlt durch den Preis einer unanalytischen Vereinfachung.

Inzwischen hat sich die Sozialwissenschaft weitgehend von den Bemühungen abgewandt, simple Totalerklärungen über den Menschen und seine Welt wissenschaftlich zu beglaubigen. Sie hat den Weg der Einzelforschung genommen, steht damit jedoch in der Gefahr, dem Menschen der Gegenwart verstehende Gesamtdeutungen seines Daseins zu erschweren.

Auch die empirische Soziologie – unentbehrlich wie sie mittlerweile geworden ist – darf dem Menschen in der Katalogisierung des Besonderen den Blick auf das Allgemeine nicht versperren. Und ideologisierte Sozialwissenschaft darf dem Menschen in einer monokausalen Erklärungssucht nicht die Bescheidenheit rauben, auch noch einen Blick für das Besondere aufzubringen.

Technische Rationalität – ein Merkmal des Denkens und Handelns von Menschen, die von der Rhythmik einer industriellen Tätigkeit erfaßt sind – ist daher sicher ein unwegdenkbarer Faktor unserer industriegesellschaftlichen Daseinswelt – ist aber, wie Hans-Dieter *Bahr* in seiner »Kritik der Politischen Technologie« meint, ohne die für Europa zutreffende »geschichtliche Besonderheit der gesellschaftlichen Arbeitsteilung nur um den Preis einer Ideologie zu begreifen«[10].

Die gesellschaftliche Arbeitsteilung ist als eine Strukturbedingung menschlichen Zusammenlebens zu verstehen, die weiter greift als die unerläßliche Arbeitsteilung im industriellen Produktionsprozeß. Sie erfordert die Einbringung von Aktivitäten in den Bereichen der gesellschaftlichen Pluralität, in denen sich der Mensch durch Interesse, Begabung, Situation und Können hingezogen fühlt.

Nun ist es ein Irrtum, wenn man glaubt, daß alle Segmentbereiche der gesellschaftlichen Vielfalt nach einem total durchgängigen Strukturprinzip der technischen Rationalität gegliedert sind. Zwar kam dieser Mythos der Totalität in den letzten Jahren als sozialistische Forderung in dem Modebegriff der »Demokratisierung« wieder verstärkt zum Vorschein – verstanden als ein Abbauinstrumentarium, das eine gleiche Behandlung und eine gleiche Strukturierung aller Lebensbereiche erlaubt[11]. Was sich bei der Forderung nach der Demokratisierung als geschichtssoziologischer Hintergrund herausstellt, ist ein sozialistisch verbalisierter Mythos, der die Sehnsucht nach einer antipluralistischen, proletariatsfeudalen mittelalterlichen Monogesellschaft zum Ausdruck bringt. Indessen muß für Europa, für Lateinamerika und jedes Land auf anderen Kontinenten klar sein, daß die plurale Komplexität industriegesellschaftlich strukturierter Gebilde nur durch die Brechstange sozialwissenschaftlich nicht empfehlbarer Gewalt auf eine Monostruktur zurückgedrängt werden kann. Die moderne nichtmarxistische Soziologie, die ihren Auftrag zur Analyse von Zusammenhängen ernst nimmt, geht von der Unabänderlichkeit pluraler gesellschaftlicher Strukturen als Grundbefindlichkeit der industriellen Gesellschaft aus. Auch davon, daß die pluralen Gebilde in einem Verhältnis der unterschiedlichen Funktions- und Intentionsbezogenheit sind. Das bedeutet schließlich für eine analytische Erschließung von Gruppen- und Gebildestrukturen in der pluralistischen Gesellschaft, daß Gruppen und Gebilde mit zunehmender Größe eine abnehmende Intimität aufweisen[12].

Sind nun die Gebildestrukturen im industriellen Pluralismus unterschiedlich, dann ist auch die Präsenz der technischen Rationalität nicht in allen Lebensbereichen gleichermaßen gegeben. Makrosoziologische Gestaltungsräume erzeugen infolge der Unübersichtlichkeit und Undurchschaubarkeit beim Menschen ein »Bewußtsein der Ohnmacht, das erdrückend ist«[13]. Aber auch in noch intim überschaubaren Gestaltungsprozessen ist der Mensch vielfach nicht in der Lage oder willens, ein Verständnis für die strengen Formen der technologischen Rationalität aufzubringen. Inmitten

Europas gibt es auch tatsächlich vertikale und horizontale Randzonen, die von einem technologischen Daseinsverständnis völlig oder teilweise frei geblieben sind. Es gibt noch genügend Menschen, Schichten und Regionen, die in durchaus vorindustriellen Mentalitäts- und Handlungsformen lebenslang verharren. Daher ist es eine Überschätzung Europas, wenn in Ländern der Dritten Welt angenommen wird, daß die Industrialisierung überall vorhandene und gleiche Rhythmen des Denkens und Verhaltens hervorgerufen hat.

Diese Erkenntnis von einem auch nur segmenthaft vorhandenen Bestand an technischer Rationalität ist zugleich auch eine Einschränkung gegen den Mythos der Übertragbarkeit. Die kontinentale Geschlossenheit Europas hat bis zum heutigen Tag nicht verhindern können, daß die Industrialisierung ein mittel- und westeuropäisches Konzentrat geblieben ist und trotz der industriellen Kernländer in unmittelbarer Nähe noch »marginale Imperien« und »vorindustrielle Randzonen« erhalten blieben[14].

Zur Abstaubung unberechtigter industriell-europäischer Arroganz kommt zu diesem Eingeständnis noch die Ankündigung düsterer Vorahnungen über die Zukunft Europas hinzu. Nicht nur die möglichen Machtverschiebungen durch die Chance des Öldiktats, das die arabische Staatenwelt gegen Europa ausspielen kann, und die Untersuchungen des Club of Rome über den Zwang der Wachstumsbegrenzung in den Industriestaaten der Welt lassen nach einer progressiven Zukunft Europas fragen.

Soziologische Besorgtheit um die Solidität der Entwicklungsgesetze der modernen Wirtschaft hätte auch schon früher die Frage nach der Stabilität der wirtschaftlichen Entwicklung auslösen müssen. Rudolf *Pannwitz*, einer der hellsichtigsten Denker Europas, stellte bereits 1955 das Ende der europäischen und deutschen Wirtschaftswunderblüte fest, indem er ausrief: »Aber es behält den Charakter der keine solide Zukunft verbürgenden Weltgründerepoche[15]. Heute haben wir bereits die Situation, daß die Unfraglichkeit in der Bejahung eines sozialmarktwirtschaftlichen Systems, wie in der unmittelbaren Nachkriegsphase zweifellos vorhanden, einer fundamentalen Kritik an den Grundlagen der großräumigen industriellen Gesellschaft unterzogen wird. Zur schon immerzu vorhandenen romantischen oder bäuerlichen Kritik an der »Unmenschlichkeit« des modernen Wirtschaftssystems ist nun der differenzierte Einwand gekommen, ob die Funktionsstruktur des europäischen und nordamerikanischen Industrialismus überhaupt erhalten bleiben kann. Arnold *Toynbee* erwartete daher ohnehin »eine Umkehr der Machtverhältnisse zugunsten der Entwicklungsländer«[16]. Und er glaubte daran, daß, nachdem Europa die weltpolitische Führungsrolle im Ersten Weltkrieg abgegeben hat, die beiden Weltmächte USA und Sowjetunion ihre Potentialität durch labilisierte Problematisierung verspielen und »China die offensichtlich zur Führung berufene Nation ist«[17].

Mao Tse-tungs Parole vom »Krieg der Dörfer gegen die Metropolen« und dem »Sieg der Dörfer« legt ein neues Verständnis für die Schaffung künftiger sozialer und wirtschaftlicher Strukturen offen, das vom bisherigen Optimalbild konzentrierter industriegesellschaftlicher Gebilde einen endgültigen Abschied nimmt. Aber auch in der westlichen Welt gibt es inzwischen eine Fülle von vehementen Verdammungen der großen industriellen Ballungsgebilde – so auch bei Marshall Mc Luhan und Constant *Nieuwenhuys*[17].

Die europäische Teilindustriegesellschaft kann aus strukturellen und inzwischen noch verschärften Unzulänglichkeiten kein Modellvorbild für die Behebung der wirtschaftlichen, sozialen und politischen Problematik der Länder der Dritten Welt sein. Es ist darum verständlich, daß lateinamerikanische Sozialwissenschaftler gegen die am europäischen und nordamerikanischen Objekt entwickelte MIT-Studie des Club of Rome prinzipielle Bedenken erhoben haben[19]. Die argentinische Bariloche-Stiftung, in der mehrere

Mitglieder des lateinamerikanischen Rats für Sozialwissenschaften (CLASCO) zusammengefaßt sind, entwickelte gegen die Meadows-Studie eine »lateinamerikanische Gegenutopie«, die sich gegen den »technologischen Imperativ« der traditionalen Industrieländer richtet[20].

Den Ländern der Dritten Welt sollte bisher mit europäischen Modellzwängen geholfen werden. Auch Allende trat schließlich in sein Umgestaltungsexperiment mit den Intentionen und Belastungen des europäischen Sozialismus ein. Wie er anfing und nach der Einsetzung in das Amt des Präsidenten weitermachte, das waren Ebenbilder der Theorie und Praxis des europäischen Sozialismus, die hierzulande schon längst ihre Widerlegung gefunden hatten. Da es den europäischen Sozialisten jedoch gelang, die Grundziele ihrer Theorien und die Strategie ihrer Praxis verborgen zu halten, vor einer arglosen Welt, vor sich selbst, vor allem vor jungen Sozialisten, die historisch abgeschlossenes Scheitern nicht reflektieren, wurde aus dem eigentlichen alten Weg, den beispielsweise Allende in Theorie und Praxis beschritt, ein scheinbar politisches Novum. Daher kommt auch die Entrüstung über sein Scheitern: da die Theorie und Praxis des europäischen Sozialismus und seine Rekonstruktion durch Allende nicht mit den Methoden einer historischen und analytischen Soziologie durchleuchtet wird, findet man für die Volksfrontregierung Allendes die geläufige Entschuldigung: »Chile (gemeint ist das sozialistische Experiment Allendes) war ein hochherziger, aber leichtsinniger Versuch, ohne Mehrheit, ohne ausreichende Organisation, ohne verbindliches Programm einen »Sozialismus in Freiheit« zu versuchen«[21].

Man tut Allende indessen sehr unrecht, wenn man seine politischen Absichten und Handlungen schlichtweg als leichtsinnig und hochherzig bezeichnet. Er hatte die Chance der Legitimität für sich[22]. Er hatte die Sozialstruktur und politisch-demokratische Tradition Chiles gegen sich. Zum Vollzug erfolgreicher sozialistischer Revolutionen gibt es politische Modellsituationen, die allerdings besser geeignet sind als die parlamentarisch-demokratische Struktur Chiles zum Beginn der Präsidentschaft von Salvador Allende. Die Techniken der sozialen und politischen Transformation, die Allende seit 1970 zur Anwendung brachte, entstammen dem Arsenal europäischer Umsturzstrategien. Dadurch stand sein scheinbar erstmalig beschrittener Weg, den Sozialismus zu verwirklichen, sogleich im Prüffeld bisheriger und historisch schon abgeschlossener Versuche, eine prinzipielle Strukturerneuerung der Gesellschaft nach einer sozialistischen Endzielvorstellung zu erreichen[23].

[1] Aggregiertsein ist eine Begriffsschöpfung von Alfred Weber, worunter er den Prozeß versteht, daß aus einem losen Aggregiertsein homogener Körper ein Zustand der Integration differenzierter Körper entstehen kann; vgl. Alfred Weber, Einführung in die Soziologie, München 1955, S. 30; ders.: Mensch und Gesellschaft in: Das Weltbild unserer Zeit, Nürnberg 1954, S. 122; Herbert Spencer verband vorher schon die Bezeichnung mit dem Begriff »Vergesellschaftung«, vgl. Leopold von Wiese, Herbert Spencers Einführung in die Soziologie, Köln und Opladen 1960, S. 7.
[2] Hans Freyer, Soziologie als Wirklichkeitswissenschaft, 2. Aufl., Darmstadt 1964, S. 130.
[3] Jacques Monod, Zerfall und Notwendigkeit, Philosophische Fragen der modernen Biologie, München 1971, S. 149 ff.
[4] Richard F. Behrendt, Problem und Verantwortung des Abendlandes in einer revolutionären Welt, Tübingen 1956, S. 8/9.
[5] Arnold Gehlen, Die Seele im technischen Zeitalter, Hamburg 1957.
[6] Hans Habe, Die ewig Überraschten, in: Welt am Sonntag, 9. 12. 1974.
[7] Vgl. C. J. Friedrich, Die Politische Wissenschaft, Freiburg 1961, S. 3 ff.; Friedrich hebt hervor, daß der Liberalismus wie der Sozialismus und die ihnen entsprechenden Einstellungen das Politische als eigenständigen Faktor leugnen und dadurch die Erkenntnis des Dämonischen in der Politik im geschichtlichen Prozeß erschweren.
[8] Vgl. Franz Borkenau, Der Übergang vom feudalen zum bürgerlichen Weltbild, hrsg. von Max Horkheimer, Schriften des Instituts für Sozialforschung, Junius-Drucke, Paris 1934, S. XI und 23 ff.

[9] Raymond Aron, Fortschritt ohne Ende? Gütersloh 1970, S. 11.
[10] Hans-Dieter Bahr, Kritik der Politischen Technologie, Eine Auseinandersetzung mit Herbert Marcuse und Jürgen Habermas, Frankfurt–Wien 1970, S. 21.
[11] Vgl. zur Kritik am Begriff »Demokratisierung«: Warnfried Dettling, Demokratisierung – Wege und Irrwege, Köln 1974; Caspar v. Schrenck-Notzing, Demokratisierung, Konfrontation mit der Wirklichkeit, München–Wien 1972; Helmut Schelsky, Systemüberwindung, Demokratisierung, Gewaltenteilung, München 1973.
[12] Vgl. J. Rumney und J. Maier, Soziologie, Die Wissenschaft der Gesellschaft, Nürnberg 1954, S. 103.
[13] Karl Jaspers, Die geistige Situation der Zeit (1931), Berlin 1965.
[14] Von »marginalen Imperien« und »südeuropäischen Randzonengebieten« spricht Klaus von Beyme, a.a.O., S. 15 ff.
[15] Rudolf Pannwitz, Aufgaben Europas, Vortrag, gehalten im Rahmen der »Geistigen Begegnungen in der Böttcherstraße« in Bremen am 21. September 1955, Bremen 1956, S. 18.
[16] Arnold Toynbee, Das Abendland muß abdanken, Interview mit dem britischen Geschichtsphilosophen und Moralisten, in: Deutsche Zeitung, 21. 12. 1973.
[17] Arnold Toynbee, a.a.O.
[18] Vgl. Marshall McLuhan, Quentin Fiore, Krieg und Frieden im globalen Dorf, Düsseldorf–Wien 1971; auch eine Biographie von Jonathan Miller: Marshall McLuhan, München 1972; Constant Nieuwenhuys, Spielen oder töten, Der Aufstand des Homo ludens, Bergisch Gladbach 1971.
[19] Vgl. Dennis Meadows, Die Grenzen des Wachstums, Bericht des Club of Rome zur Lage der Menschheit, Stuttgart 1972.
[20] Gerhard Drekonia, Lateinamerikas Gegenutopie zu den »Grenzen des Wachstums«, in: E + Z – Entwicklung und Zusammenarbeit, Beiträge zur Entwicklungspolitik, Oktober 1974, S. 16 ff.
[21] Horst Bieber, a.a.O.
[22] Vgl. Volker Lühr: Chile: Legalität, Legitimität und Bürgerkrieg, Neuwied und Darmstadt, 1973.
[23] Eine erste kritische Untersuchung über die Idee der Strukturerneuerung im Marxismus ist Martin Buber zu verdanken, in: Pfade in Utopia, Heidelberg 1950.

9.

Von der Vermassung zur Entmassung

Die Mythen Europas, die der Idee des Fortschritts die Kraft eines säkularisierten Glaubens vermittelten, haben uns den Irrtum als Fehlbeurteilung der Wege unserer Zeit gesichert; sie sind zu einer Hilfe bei dem Bemühen geworden, an den Problemen der Gegenwart vorbeizudenken.
Dieser Irrtum betrifft optimistische wie pessimistische Lagebeurteilungen in gleicher Weise. Weder das konservative Erhaltungs- noch das sozialistische Veränderungsprogramm wurde der Bestätigung durch die Wirklichkeit für würdig befunden. Da die Instrumentarien zur Erkenntnis nicht ergriffen werden, müssen wir daher weiter im Zeitalter der Täuschungen leben.
Weder die Wissenschaft noch die politische Analyse vermittelten eine verbreitete Kenntnis, daß Länder nach Perioden der sozialen und politischen Systemfestigungen auch wieder in Krisen geraten können. Wer die scheinbar wissenschaftlichen Zukunftsdeutungen seit 100 Jahren überschaut, kann an der Feststellung nicht vorübergehen, daß eine periodische Auswechselung zwischen negativer Untergangsprophetie und eine gutgläubige Verharmlosung wirklicher Gefahren stattgefunden hat.
Oswald Spenglers Untergangsvoraussage war eine psychologische Voraussetzung, um jedem sozialen und politischen System blindlings zu vertrauen, das versprach, den theoretisch zwangsläufigen Untergang durch praktisches Handeln abzuwenden. Hierzu lag die besondere Chance totalitärer

Systeme, gegen das Krisen- und Katastrophengetöse die Zukunftstrommel zu rühren.

Der Entblößungsprozeß der Zukunftsmythen als oberflächliche Ideologien ging schon immer langsamer als die Auflösung der Systeme selbst vor sich. Die »ganze Erziehung, die ganze bürgerliche Gewissenskultur«, von der Eugen Gerstenmaier als Mentalitätshemmung der deutschen Widerstandsbewegung gegen Hitler sprach, sträubte sich gegen die Erkenntnis des Notwendigen, des Außergewöhnlichen und des Ungeheuerlichen[1].

Der Verlust an strikter Erkenntnisbefähigung wäre ja für viele Menschen noch zu verkraften; aber der Verlust des Glaubens an das System und die Ideologie kennt nur den Ausweg der Resignation, ist wiederauferlegter Nihilismus. Gegenüber dieser Gefahr der seelisch-geistigen Entkleidung bleibt der Mensch normalerweise lieber im Schutzpanzer der Täuschung.

Diese Einstellung ist ein massenpsychologisch wie individualpsychologisch brisantes Problem. Massenverhalten stellt die Vorliebe zur Täuschung über den Gang gesellschaftlichpolitischen Geschehens zweifellos dar. Tibor Dery, der kommunistische ungarische Schriftsteller hat kurz vor seinem Tod in einem Interview auf die Frage nach der Erkennbarkeit der Gefahr, die Hitler für den Weltfrieden bedeutete, zur Antwort gegeben, nach seiner Auffassung seien Massen stets unfähig, politische und soziale Gefahren im voraus zu erkennen. Dieser resignierende Seufzer ist sicherlich berechtigt, aber Menschen und Gruppen, die sich ausdrücklich nicht zur Masse rechnen, sind nicht weniger irrtumsfähig.

Unverkennbar ist in einem Verhältnis polarisierender Ideologien die eine Entschiedenheit mit der Rolle einer Beschwichtigungs- und Legitimitätsfunktion gegen die andere zu versehen. So hat mancher Nationalsozialist seinen ideologischen Eifer als Notwendigkeit gegen die kommunistische Ideologie hervorgehoben; und nicht wenige Kommuni-

sten unterdrückten in den dreißiger Jahren ihren Zweifel gegen das verbrecherische Handeln Stalins durch eine Dramatisierung der faschistischen Gefahr. Daher war auch der innere Zusammenbruch von Kommunisten besonders auffällig, als am 24. August 1939 die Unwahrscheinlichkeit eintrat, daß Hitler und Stalin in einem Nichtangriffspakt scheinbar Bundesgenossen wurden.
Manès Sperber, bis 1938 selbst Kommunist, hat eindrucksvoll dargestellt, daß er jahrelang seine Zweifel gegen Stalin zu unterdrücken versuchte, indem er sich zum Kampf gegen den Faschismus verpflichtet fühlte[2].
Dieser Beschwichtigungsmechanismus als Mittel zur Rechtfertigung der eigenen Ideologie ist von zwingender Unentbehrlichkeit; er findet auch dann Anwendung, wenn die Gegenideologie nur noch ein Popanz ist. So ist die emotionale Aufladung linker Theorien in den letzten Jahren nur gelungen, indem man den »Faschismus« als akute Gefahr dramatisiert hat[3]. Obgleich es leichthin ersichtlich ist, daß ein rechter Faschismus gegenwärtig ohne Faszination und Massenanhang ist; und schließlich ist auch die Gruppenbildung, die in der Folge linker Utopien und Theorien entstand, keineswegs eine Massenbewegung, sondern ein elitärer Sammlungsprozeß ohne proletarische Anschlußfolgen.
Zu den unrealistischen Mythen Europas zählt ohnehin die Annahme, daß die industrielle Gesellschaft zwangsläufig zu einer Massengesellschaft wird. Mit all den negativen Kennzeichnungen, die seit Ortega y Gassets philosophischer Verteufelung der modernen Industriegesellschaft mit dem Begriff der Masse in Verbindung gebracht werden[4].
Mittlerweile müßte eine andere Auffassung über den Zusammenhang von Industrie- und Massengesellschaft zur Geltung gelangen, wenngleich sie auch noch ein Dunkelfeld in den gängigen Theorien und Ideologien darstellt. Eine soziologische Konstellationsanalyse über die Gefährdung gegenwärtigen Zusammenlebens ergibt eindeutig, daß weniger die »Massen« als vielmehr die »Eliten«, – und mit ihnen

die unrealen Ideen, Ideologien und Theorien die Erkenntnis der Struktur unserer Gegenwartsgesellschaft verhindern. Die »Massen« gefährden ebensowenig die Freiheit wie die Stabilität eines Staates.
Die Veränderungslust geht in der heutigen Gesellschaft ja gar nicht von den Massen und von der Arbeiterschaft aus. Und selbst die auf die Massen angesetzten Außensteuerungsprozesse, die David Riesman als eine bemerkenswerte soziologische Grundbedingung des Menschen in der industriellen Reizeinflußgesellschaft hervorgehoben hat, enttäuschen ihre Initiatoren durch die Dürftigkeit der Ergebnisse[5].
Zwar bleibt für kompakte Zielgruppen mit programmatischem Umgestaltungswillen und entsprechendem Multiplikatoreneifer die Notwendigkeit, instruierte »Massen« hinter sich zu bringen. Und die politischen Gestaltungskräfte müssen zuweilen bis zur Preisgabe vernunftgemäßer Einsichten auf angestaute und präparierte Stimmungen der »Massen« Rücksicht nehmen. Winston Churchill hat beispielsweise schon während des Zweiten Weltkrieges bedauert, daß die aufgebaute Front an Haßgefühlen einen vernünftigen Versöhnungsfrieden unmöglich macht. Der Bewegungsraum des Gestaltens ist durch die Empfindlichkeitsstruktur der öffentlichen und veröffentlichten Meinung sicher verengt worden. Tabuzonen sind entstanden, die es unmöglich machen, auf der Grundlage der Wirklichkeit und der Wahrheit das Zusammenleben der Menschen zu regeln.
Zu den mythischen Tabus gehört auch das Vorurteil, daß sich durch eine ansteigende Vermassung die Probleme der industriellen Gesellschaft verdichten. Sicherlich entwickelt die Menschenüberfüllung innerhalb einer Gesellschaft zentrifugale und explosive Tendenzen. Und in unterentwickelten Völkern verringert die hochgehende Bevölkerungsmasse den Nahrungsspielraum. Aber gilt es nicht längst Abschied zu nehmen von dem Mythos, daß mit dem industriegesellschaftlichen und wirtschaftlichen Wachstum auch die Bevölkerungskurve weiterhin im Anstieg bleibt. In den ent-

wickelten Industriegesellschaften stagniert doch Wirtschafts- und Bevölkerungswachstum gleichermaßen.
Das Problem der europäischen Industriegesellschaft ist doch nicht mehr die *Vermassung,* sondern die *Entmassung.* Die Gefahr, daß infolge des erklärbaren Bevölkerungsschwunds die Apparaturen unserer komplizierten industriellen Hochleistungsgesellschaft nicht mehr bedient werden, ist doch ersichtlich größer als eine erneut eintretende Bevölkerungsexplosion, wie sie Europa am Beginn seiner Industrialisierung erlebte[6]. Gegenwärtig sind die reifen Industriegesellschaften doch wirklich nicht mehr mit dem Problem der Überbevölkerung belastet, sondern, wie Raymond Aron bemerkt, vom »Übel der Entvölkerung«, »vom Sturz der Geburtenziffer unter das zur Sicherung des Nachwuchses notwendige Minimum«[7].
Wir erfahren doch eben einen Zusammenbruch der Planungsbegeisterung der visionär-utopischen Phase des letzten Jahrzehnts, weil ihre Prämissen auf der hohlen Phrase anthropologischer und struktureller Überschätzungen beruhen. Die Menschen werden durch Informationstheorien nicht klüger; die Emanzipation bleibt ein spekulatives Prinzip ohne Daseinsfolgen, auch ohne Folgen für eine wünschenswerte Erweiterung des Raumes der persönlichen Freiheit, und wo sie eintreten, zeigen sie neurotischen Lebensverdruß; programmierte Lerntheorien haben nicht den kollektiven Ausbruch menschlicher Kreativität, sondern die Trostlosigkeit der Zukunftsbeurteilung in der jungen Generation erzeugt; Entspannungsplattitüden riefen erhöhten Augenverschluß vor inneren und äußeren Gefahren hervor; alle computerlegitimierten Projektionen entpuppen sich als Fehlberechnungen, weil Kindersegen sich schlichtweg der Programmierung entzieht; die Mittel zur Erhaltung unserer Freiheit versagen, da man in der Voreingenommenheit wissenschaftlicher und publizistischer Klischees zum Gefangenen einer Fortschrittsideologie wurde, die in den Gesetzen der Geschichte und des Menschseins keine Bestätigung findet.

Die geschichtliche Entwicklung wird deshalb weiterhin unkontrollierbaren und unvorhersehbaren Strudelbewegungen ausgesetzt sein, wenn nicht einvernehmliche Regeln menschlichen Zusammenlebens von den politischen und geistigen Gestaltungskräften unserer Zeit ohne Konkurrenzdenken eingehalten werden.
Bleibt diese entscheidendste Übereinstimmung aus, wird nach utopisch erregenden Exzessen der Pendelschlag zu rückgangsgesellschaftlichen Strukturen als Folge von Fortschrittsermüdungen eine stets wiederkehrende Gesetzmäßigkeit der Geschichte sein. Der bisherige Gang europäischer Geschichte hat die daran geknüpften optimistischen Erwartungen als Ausfluß von Fortschrittstheorien nicht erfüllt. Und Europa kann deshalb kein Lehrmeister für andere Kontinente sein, wenn es seine optimistischen Illusionen transferiert und dabei seine eigenen Systemkrisen verschweigt. Europa könnte sich ja auf der Linie demokratischer Rechtsstaatlichkeit nach dem Grundmuster einer repräsentativen Demokratie grundsolide einpendeln; einstweilen ist aber das Ende der demokratischen Systemstabilität wahrscheinlicher[8].
Der europäische Illusionsexport in die Länder der Dritten Welt konnte bislang auch nicht den Ausbruch eines globalen demokratischen Zeitalters hervorrufen; er hat vielmehr zur Produktion der rückgangsgesellschaftlichen Form der Militärherrschaften in Afrika, Südamerika und Asien beigetragen. Es muß die Neigung aufhören, die industrielle Dynamik als Tendenz zur Freiheit und zum Fortschritt zu begreifen. Ungelöste, schleudernde Dynamik kann bedenklicherweise auch die Lust an totalitärer Stabilität erhöhen.
Große Ungeduld kennzeichnet den Entfaltungsprozeß Europas – neben den Phasen der Ruhe und der kontinuierenden Festigung. Geduld und Erregung sind indessen Grundelemente der kulturellen und ökonomischen Dynamik. Es entbehrt aber der europäischen Redlichkeit – in Ansehung der europäischen Geschichte – den Ländern der Dritten

Welt die Ungeduld als Instrument, die zur industriellen Modernisierung führen soll, anzuraten.

Europa ist kein Kontinent des politischen und industriellen Imperialismus mehr. Es wird jetzt vielmehr nach aufgepfropften Illusionen auf seine Bestände zurückgeworfen. Unser Kontinent bietet nicht mehr das Bild einer Massengesellschaft, eher einer substanzbedrohten Entmassungsgesellschaft. Nach einer Phase der fortschrittsbeflissenen Situationsverschleierung ist es wiederum in ein rückgangsgesellschaftliches Stadium eingetreten. Es genügt jedoch nicht, die Gründe für diesen rückgangsgesellschaftlichen Prozeß allein in der Hohlheit der Fortschrittsidee zu erblicken. Illusionen und Utopien sind nicht nur philosophische Ideen; sie haben spätestens seit Marx strategischen und aggressiven Charakter angenommen. Ein Untergang Europas ist daher nicht, wie Spengler annahm, ein geschichtsmorphologischer Prozeß; er wäre vielmehr das Ergebnis seiner Selbstmordstrategie.

[1] Eugen Gerstenmaier, Von Bolz bis zu Rommel und Baden-Württemberger im Kampf gegen Hitler, Stuttgart 1978, S. 11.
[2] Vgl. Manès Sperber, Der Wasserträger Gottes, Wien.
[3] Vgl. dazu die Ergebnisse des Symposions »Die sozialwissenschaftliche Kritik am Begriff und der Erscheinungsweise des Faschismus«, veröffentl. in »Würzburger Studien zur Soziologie«, herausgeg. von Lothar Bossle und Gerhard W. Goldberg, Würzburg 1978.
[4] Vgl. José Ortega y Gasset, Der Aufstand der Massen, Reinbek 1960.
[5] Vgl. David Riesman, Die einsame Masse, Reinbek, o. J. S. S. 137 ff.
[6] Vgl. zur Überwindung der Hypothese von der Bevölkerungsexplosion Colin Clark, Der Mythos von der Überbevölkerung, Köln 1975.
[7] Raymond Aron, Über die Zukunft der freien Gesellschaften, Vortrag auf der 27. Jahrestagung des Ordens pour le mérite für Wissenschaften und Künste am 29. Mai 1979 in Bonn.
[8] Zur näheren Erläuterung demokratischer Grundmodelle: Lothar Bossle, Demokratie ohne Alternative, Stuttgart 1972.

10.

Die ungesicherte und gefährdete Demokratie

Europa hat in bisher unvergleichlicher Weise – zusammen mit ethnischen Herkunftsländern wie den USA, Australien, Neuseeland, Kanada – einen Daseinsstandard erreicht, der ein Höchstmaß an Freiheit, wirtschaftlicher und kultureller Leistung und humaner Lebensform gewährleistet. Menschen, die einen eigenen Anteil an dieser Aufbauleistung vorweisen können und sich das europäische Kulturerbe als Auftrag aneigneten, können daher nicht begreifen, daß man an dieses weltgeschichtlich einmalige, wenngleich auch nicht unvollendete Mosaik mit wesensverändernden oder gar zerstörerischen Absichten herangeht – ja in den Selbstmord hinein treibt.

Sicherlich gibt es die lebensgeschichtliche Problematik, daß die kulturelle Aneignung ausbleibt oder mühelos verläuft und nur teilweise zustande kommt. Auch muß die Berührung mit dem Erbe Europas in jeder Generation neu erfolgen; und die Notwendigkeit der generationsspezifischen Aneignung setzt der Tradition und der Kontinuität allein schon Schranken. Soweit die generative Profilsuche eine »Sehnsucht nach dem Ursprung« offenbar werden läßt, ist nicht nur von Bejahung, sondern von einer Notwendigkeit zu reden. Mircea Eliade versteht unter dieser Generationssehnsucht zutreffenderweise die Stilisierung eines Jugendkults, die Entwicklung von jugendgemäßen Subkulturen, die Wiederkehr der Suche nach religiösen Dimensionen als Folge vorausgegangener rationaler Daseinsverflachung und weltabgewendeter Suche nach einem persönlichen Existenzsinns[1]. Diese Durchbrüche jugendlichen Denkens waren jeweils unentbehrliche Anstöße zur kulturellen Dynamik in Europa. Totalitäre Systeme begehen daher einen zusätzlichen Akt der Willkür, indem sie die Sehnsucht junger Menschen durch Irreführung und Verführung strangulieren. Und die herkömmlichen Träger kultureller Jugendarbeit übernehmen eine Schuld, wenn sie durch die rationale Anspruchslosigkeit ihrer Tätigkeitsformen der Sinn- und Bindungssuche junger Menschen nicht entsprechen. Die erschreckende Ausweitung der Jugendreligionen wäre nicht zu verzeichnen, wenn die klösterlichen Orden und die Formen kirchlicher Jugendarbeit dem Geist ihres Ursprungs treu geblieben wären; vor lauter zeitgeistgerechter Anpassung hat man jedoch den pastoralen Auftrag zur Verbreitung eines Bindungsangebots aus den Augen verloren.

Dabei glaubt man die Situation der jungen Generation von heute so treffend wiederzugeben, wenn man sagt, sie könne sich wie geschichtlich nie zuvor in höchster Freiheit und in höchstem Wohlstand auf den Schritt ins selbständige Leben vorbereiten. Hingegen ist zu befürchten, daß sich die junge Generation bei der übrigen Gesellschaft für ihre Überlassung in Freiheit als Unterlassung in der Erziehung und der Lebenshilfe nicht bedanken wird.

Eine erneute Jugendrebellion ist in den demokratischen Ländern der Welt unausbleiblich, wenn der Erosionsstrom der Ereignisse in der politischen und sozialen Gestaltungswelt nicht gebändigt werden kann. Gegenwärtig ist die Rebellion noch auf Vorgänge bezogen, die Erregung auslösen, weil sie sichtbar, aber in den Folgen undurchschaubar sind, wie der Bau von Kernkraftwerken. Aber welches Stadium der Verzweiflung wird erreicht, wenn an dramatischen Ereignissen in der Verwunderung der Reaktions- und Funktionsfähigkeit der westlichen Demokratien vollends deutlich wird, daß der rückgangsgesellschaftliche Prozeß von globaler Ausdehnung ist. Wenn die Angst um die Zukunft zunimmt, weil die Instrumente zur Erhaltung der Demokratie spürbar stumpf werden und die gesellschaftlichen Entwicklungen ganz anders als in historischen und anthropologischen Optimismus ursprünglich geplant nunmehr verlaufen?

Ganz und gar nicht aus Ablehnung der Demokratie, sondern im Nachdenken über die unerläßlichen Bedingungen zur Erhaltung der parlamentarischen Demokratie muß verstärkt gefragt werden, was notwendig ist, um der Idee und Wirklichkeit der Demokratie eine erneute Stabilität zu verschaffen.

So merkwürdig es auch sein mag: die Demokratie kann am Leben bleiben, wenn sie ohne Illusionen um die Techniken und Strategien weiß, mit denen man ihr den Untergang bereiten will. Die Demokratien haben auch genügend an historischem Lehrgeld zahlen müssen, weil sie bisher ein so fragloses und harmloses Verhältnis zur Frage der demokratischen Kontinuität und Stabilität besessen haben. Diese optimistische Geschichtsgewißheit der Demokratien hat die zwei »Verzweiflungsideen« unseres Jahrhunderts, den linken und rechten Faschismus, mitverursacht[2].

Die Rebellion gegen das vermeintliche oder auch reale Versagen der parlamentarischen Demokratie äußert sich stets durch die Absicht, hinter die strukturelle Offenheit der Demokratie zurückzukehren. Dieser rückgangsgesellschaftliche Weg wird durch die Errichtung autoritärer und totalitärer Systeme vollzogen. In den Ländern der Dritten Welt mit einem geringen Voraussetzungsstand in industriegesellschaftlicher Struktur ist es der Rückgang in ein System der Militärjunta; in Rußland war es unter den besonderen Bedingungen des vorausgegangenen Sturzes des Zarismus die eigentlich unnatürliche Chance für die totalitäre Strategie des Marxismus-Leninismus, das »Entwicklungsland Rußland« in einen erbarmungslosen Würgegriff zu nehmen.

Schon entwickelte, aber nicht endgültig durchgesetzte Demokratien, wie in Deutschland und Italien, wurden in der ersten Hälfte unseres Jahrhunderts eine Beute des Rückfalls in faschistische Herrschaftsformen. Die Berechtigung für die Einführung solcher rückgangsgesellschaftlichen Systemformen leitete man aus dem scheinbaren Versagen der Demokratie ab.

Einem Totalitarismus, wie er als Ausfluß namentlicher faschistischer Bewegungen hochgekommen ist, wurde mit dem Ende des Zweiten Weltkrieges der Boden für eine Erneuerung entzogen. Gefahren für die etwas über dreißig Demokratien drohen heute von faschistischen Ideologien her nicht mehr; wenngleich auch faschistische Einstellungen als mentale Ausbruchsmöglichkeiten sozialer und politischer Radikalität immer wieder hervorbrechen können.

Die aktuellen Gefährdungen für die Demokratie gehen gegenwärtig von sozialistischen Transformationstechniken aus, die seit dem Aufkommen des Marxismus viele Korrekturen und Verfeinerungen erfahren haben. Diese Aushöhlungstechniken des revolutionär-transformatorischen Sozialismus beruhen auf einer eiskalten Analyse der Blößen der industriellen Gesellschaft und der parlamentarischen Demokratie; vor allem aber auf einer gerissenen Ausnützung der Toleranzregeln der Demokratie und den psychologischen Anfälligkeiten der Menschen für verführerische Reizideen. Helmut Kuhn meinte durchaus berechtigt, daß die Erzeugung von »Aufbegehren zur Signatur unseres Zeitalters zu werden scheint«[3].

Man reißt die bestehenden gesellschaftlichen Gebäude auseinander, indem man ihre Fundamente der Überbelastung aussetzt. Die Grundlagen freiheitlichen und pluralistischen Zusammenlebens werden erschüttert, da man ihre Grundbegriffe aus der Ausgewogenheit herauszieht und übersteigert. Der Begriff »Freiheit« wird zum Begriff »Emanzipation« verkürzt; der Begriff »Demokratie« wird zur »Demokratisierung« umgefälscht, was zur Auflösung freiheitssuchender Institutionen und Traditionen führt; Gerechtigkeit wird als Gleichheit verstanden, an deren Ende dann die faktische Ungleichheit durch die Monopolherrschaft einer Führungsclique steht[4].

Die Dynamisierung dieser Aushöhlungstendenzen geschieht schließlich durch die demagogische Anheizung der sozialen Erwartungshorizonte. Eine Demokratie wird dadurch gezwungen, die Grenzen ihrer Möglichkeiten zu überschreiten, die Modernisierung gerät in den Strudel unkontrollierbarer Ausweitungsprozesse. Diese Technik des Abbaus gesellschaftlicher Beständigkeit durch die Expansion der sozialen Erwartungen ist keineswegs neuesten Datums. Raymond Aron hat gerade wiederum daran erinnert, daß Alexis de Tocqueville in der ersten Hälfte des 19. Jahrhunderts bereits auf die soziologische Gesetzmäßigkeit hinwies, nach der Herrschaftssysteme, die sich durch den Druck egoistischer Reformen schwächen, zu einem nicht fernen Zeitpunkt durch eine Revolution beseitigt werden[5].

Zur Erkenntnis der Tendenz, aus einem Abbau durch Reformen eine Revolution heranwachsen zu lassen, ist bis heute bei den meisten Menschen kein historisch geschärftes Bewußtsein vorhanden. Ungeachtet der Chance im Leben des Menschen, die Strudelbewegung eines Staates bis zum revolutionären Ausbruch in eigentlich schnellen Wiederholungen erleben zu können. Ein europäischer Mensch des 20. Jahrhunderts kann leichthin auf die Selbsterfahrung mehrerer gegensätzlicher politischer Systeme verweisen.

Der Mangel an historischem Weitblick und soziologischem Einblick verhindert jedoch immer wieder die Erkenntnis, welche Gefahren einer Demokratie drohen können. Ahnungslosigkeit ist vielleicht eine Voraussetzung für seine Tapferkeit, aber keineswegs für die Bemeisterung von Krisen und Katastrophen. Vor allem aber, wenn die Abbautechniken gegen die Demokratie nicht frontal, sondern in einer transformatisch-lautlosen Methode angewendet werden.

[1] Vgl. Mircea Eliade, Die Sehnsucht nach dem Ursprung, Wien 1973, bes. S. 91 »Der Trugschluß der Entmythisierung«.
[2] Vgl. Lothar Bossle, Soziologie des Sozialismus, Köln 1976, bes. Kap. 9, S. 161 ff.
[3] Helmut Kuhn, Rebellion gegen die Freiheit. Über das Generationsproblem und die Jugendunruhen unserer Zeit, Stuttgart, Berlin, Köln, Mainz 1968, S. 27.
[4] Vgl. zur näheren Beschäftigung mit diesen Begriffsdenaturierungen: Helmut Schelsky, Systemüberwindung, Demokratisierung, Gewaltenteilung, München, 2. Aufl. 1973; Caspar von Schrenck-Notzing, Demokratisierung, München–Wien 1972.
[5] Raymond Aron, Die düsteren Ahnungen des Herrn Alexis de Tocqueville, in: Die Welt, 16. September 1978.

11.
Historische und soziologische Voraussetzungen sozialistischer Transformationsstrategien von Marx bis zu den Ereignissen im Iran – das Bündnis von Revolutionären und Mönchen

Die Feststellung von Karl Marx: »Die Philosophie ist der Kopf der Revolution, das Proletariat ist das Herz der Revolution« ist für die Erklärung der Entstehungsgründe des Marxismus aufschlußreicher als vielfach angenommen. Dahinter steckt schließlich das Eingeständnis, daß der Marxismus, jedoch auch der Sozialismus als Gesamterscheinung, weniger eine soziale Empörungstheorie als vielmehr eine Revolutionslehre darstellt, die ihren Ursprung nicht in der sozialen Tatsachenwelt, sondern in der Umgebung der revolutionären Philosophie besitzt.

Der Marxismus hat lediglich die soziale Aufwühlung und die strukturellen Veränderungen im Zusammenklang mit der Entstehung des industriellen Zeitalters benützt, um hierdurch eine Basis für die Entwicklung einer revolutionär-radikalen Revolutionstheorie zu gewinnen. Dieser Ausgangs- und Motivlage des Marxismus entspricht es, daß er in seiner bisherigen Geschichte weniger die Arbeiterschaft angesprochen hat, obgleich er sich stets durch den Anspruch zu legitimieren versucht, eine proletarische Heilslehre zu sein. Was dem Marxismus statt dessen gelang, war jeweils der Einbruch in die bürgerliche und intellektuelle Mentalität.

Joseph A. Schumpeter, der lange in Havard lehrende und aus Österreich stammende Nationalökonom, zögert in seinem nach wie vor bedeutsamen Buch: »Kapitalismus, Sozialismus und Demokratie« nicht, demgemäß zu folgern, »daß der Marxismus seinem Wesen nach ein Produkt des bourgeoisen Geistes ist«[1].

Die Einbeziehung des Marxismus in die Traditionslinie europäischer Revolutionstheorien besagt indessen überhaupt nichts, was den Realitätsgehalt revolutionärer Konzeption anbetrifft. Revolutionstheorien sind eben keine realistischen Einsichten in die Konzepte des geschichtlichen Geschehens; sie leben vielmehr sowohl für ihre glühenden Anhänger wie ihre naiven Gegner von der verharmlosenden Annahme, daß sie ohnehin nicht kommen. Revolutionen sind nur möglich durch die Propagierung von Umsturzideen, sodann durch die Unsicherheit und Unentschlossenheit der politischen und staatlichen Führung – wie durch eine Verweigerung der historischen Einsicht, daß auf den Ausbruch der Revolution die schlimmste Schreckensherrschaft erst erfolgt – was bislang jeden Wiederholungstest bestanden hat. In dieser Hinsicht ist Chomeini ein würdiger revolutionärer Nachkomme Robbespierres, als er sagte: »Die Revolution verwirklicht sich im Blut«[2].

Obgleich nur die Soziologie über ein umfassendes, auch Varianten einbeziehendes historisches Belegmaterial verfügt, stolpert die Mehrheit der Menschen immer noch von einer ahnungslosen Revolution in die andere. Die größte dabei hervortretende Naivität ist jedoch die Glaubensannahme revolutionärer Regisseure, den Ablauf des revolutionären Projektes unter der Kontrolle ihrer Theorie halten zu können. Das Entgleiten und die Eskalation der Ereignisse schließen sie zwar bei anderen nicht, aber bei sich selbst völlig aus.

Die weitere Naivität in revolutionären Ereiferungen steckt in der Vermessenheit der Regisseure, von der Annahme ausgehen zu sollen, daß sie selbst am Ende des revolutionären Vorganges noch oben in der Führung sind. Es ist indessen ein längst durch soziologisch-historische Erfahrung bestätigte Realität, daß der idealistische, intellektuelle und literarische Revolutionsheros nur bis zum Tage des revolutionären Ausbruchs im Sinne praktikabler Revolutionsstrategien brauchbar ist.

Auch die Erfahrung hat Wiederholungscharakter; so warnte im Revolutionswinter 1918/19 Max Weber in einem Vortrag an der Universität München die Studenten vor revolutionären Abenteuern, indem er ausführte, daß auf den revolutionären Begeisterungsausbruch jeweils der nachemotionale Alltag folge; und dann sind naive Glaubenshelden nicht mehr benötigt – sie werden liquidiert. Zwangsläufig kommt danach die Stunde der Funktionäre, der Bürokraten, der Banausen[3].

Diese Befürchtungen Max Webers haben sich inzwischen allesamt bestätigt. Stalin ermordete seine und Lenins Weggenossen; Hitler inszenierte durch den Vorwand des Röhmputsches die Ermordung der SA-Führer, denen er wesentlich seine Machtergreifung zu verdanken hatte. Offensichtlich kommt ein totalitäres System ohne die Mordszenerie einer Bartholomäusnacht nicht aus[4].

Bedauerlicherweise will man es trotz abgesicherter und jede vergleichende Betrachtung aushaltender Ergebnisse der Revolutionsforschung immer noch nicht glauben, daß die Anheizung revolutionären Feuers und die bürokratische Verfestigung eines revolutionären Zustandes zwei Mentalitäten voraussetzt. Und diese unterschiedlichen Mentalitäten sind ungeachtet aller Milieutheorien nicht von einem in den anderen Zustand zu übertragen: der revolutionäre Barrikadenstürmer taugt nicht zum postrevolutionären Bürokraten. Diese Feststellung stimmt über den heutigen Tag hinaus – unter Einschluß auch einer Beurteilung Allendes: es ist erwiesen, daß er im Rahmen der revolutionären Strategie der von ihm geführten Volksfront als Aushöhlungs-, als Transformations- und nicht als revolutionäre Stabilisierungsfigur galt[5].

George Orwell, einige Jahre seines Lebens ebenfalls Sozialist, hat in tiefer Kenntnis des mentalen Unterschieds zwischen dem lyrischen und bürokratischen Linken die Blöße

des intellektuellen, revolutionären Typus offengelegt, indem er sagte: »die ganze Ideologie ... der Linken wurde von Leuten entwickelt, die keine Aussichten besaßen, an die Macht zu gelangen«[6].
Es ist und bleibt bis heute die Verantwortungslosigkeit revolutionären Denkens, keinen Augenblick an die Folgen ihres Handelns zu verschwenden.
Ungeachtet dieser Verantwortungsscheu revolutionären Denkens lebt der fast in jeder Generation sich erneuernde Mythos der Revolution von der Grundannahme, einzig und allein der revolutionäre Umsturz erbringe den Fortschritt in die Geschichte und eine Verbesserung der menschlichen Lebensbedingungen. So hartnäckig, wie sich zuweilen die Vorstellung hält, daß der Krieg die Mutter zahlreicher Erfindungen sei, ist auch die Vermutung, daß nur durch revolutionäre Gewalt die Elendslage der Menschheit verändert werden kann.
Entgegen dieser Auffassung von den fortschrittlichen Folgen revolutionärer Umsturzstrategien hat sich längst erwiesen, daß Fortschrittstendenzen, wie der Basler Historiker Herbert Lüthy zutreffend feststellt, stets entgleisen, weil die Idee des Fortschritts auf einer ideologisierten Interpretation der Geschichte beruht. Lüthy bemerkt: Fortschrittsbewußtsein entspringt »nicht der Vertiefung in die Geschichte, die hinter uns liegt, sondern der Gewißheit, daß die Geschichte eben erst beginnt und alles Vergangene bloß Vorgeschichte dieses Kommenden war«[7]. Inzwischen ist nach einer zweihundertjährigen Pflege des Fortschrittsglaubens nicht nur die Entlarvung als historische These durch allzu häufige Widerlegungen eingetreten. Die Fortschrittsgläubigkeit tritt nicht mehr im Gewand der Selbstsicherheit auf. Hierin liegt vielleicht auch der Unterschied zwischen rechts- und linksorientierten faschistischen Konzepten zur Erlösung der Welt von all ihren Problemen. Das rechtsfaschistische Konzept der revolutionären Weltverbesserung sollte mit der Methode der Rückkehr zur strengen Ord-

nung geschehen; das linksfaschistische Modell einer revolutionären Weltveränderung soll sich durch die Emanzipation des Fortschritts verwirklichen.
Diese unterschiedliche Interpretation des Endziels hat auch zu auseinanderfallenden psychologischen Folgen geführt: der ordnungsorientierte Faschismus hat vitale, brutale, pragmatische Verhaltensformen geprägt; der Sozialfaschismus sozialistischer Orientierung hat sensibilisierte, neurotische, theoriensüchtige Handlungsmodelle geweckt. Darum ist der fortschrittsgläubige sozialistische Typus auch so unfroh, was die Vergegenwärtigung seiner eigenen Umwelt und die westliche Zivilisation angeht. Er transformiert seine revolutionären Umgestaltungswünsche in andere Kontinente und Kulturen, pflegt westlichen Masochismus als intellektuelle Attitüde, eine weitverbreitete Erscheinung, worauf Gerhard W. Goldberg im Anschluß an das Buch »A Dangerous Place« von Patrick Moynihan in der Zeitschrift »Epoche« hingewiesen hat[8].
Dieses Untergangsmodell hat in unserer Gegenwart die größte Durchsetzungschance. Daher hat die Resignation freiheitlichen Denkens, die Angst vor dem Ende des bürgerlichen Zeitalters, die Undurchschaubarkeit der Dynamik pluralistisch-industrieller Strukturen, die zu Erosionen der revolutionären Anarchie auszuarten drohen, dem oftmals gescheiterten marxistischen Umsturzkonzept ein neues Siegbewußtsein in unseren Tagen vermittelt. Dieser zwar historisch und soziologisch unbegründete Optimismus des Spätmarxismus, daß die sozialistische Intervention in der Geschichte nach einer jahrzehntelangen Pechsträhne doch noch Erfolg haben kann, beruht aber keineswegs auf einer Spätzündung der Durchschlagskraft sozialistischer Theorien. Dieses plötzliche Siegesgefühl beruht vielmehr auf der historischen Vergeßlichkeit des bürgerlichen Menschen, seiner Annahme, daß dem Dämonischen keine geschichtliche Wirkkraft mehr zukomme – und auf der Inkonsequenz jederzeit in Kauf nehmenden Beweglichkeit marxistischer Revolutionsstrategien.

Einzig und allein die Vergegenwärtigung der Etappen in den Veränderungen sozialistischer Umsturzstrategien führt zum Einblick in die gegenwärtig bevorzugten Varianten in den Methoden sozialistischer Umsturztechniken. Wer auf eine solche Kenntnis verzichtet, handelt sich die lebenslange Gebärde ein, beim Eintritt der Katastrophe verblüfft zu sein.

Wer indessen wissen will, wie die Welt zerstört werden kann, der frage bei Theoretikern an. Eine historische Analyse der sozialistischen Revolutionsstrategien zeigt schließlich, daß Marx gar nicht sagte, wie man eine Revolution eigentlich macht. Marx sagte ja überhaupt nicht, wie man etwas zuwege bringt; er wußte nur, wie man etwas zerstört. Diese Unkonkretheit bei Marx war jedoch schon immer eine Quelle für das Sprudeln von Gewalttheorien und anarchistischen Gelüsten. Bakunins Ärger auf Marx bezog sich auf dessen theoretische Passivität. Während Marx nach der gescheiterten Revolution von 1848 der Auffassung zuneigte, daß bürgerliche Herrschaft mindestens für 30 Jahre nicht auszuhöhlen sei, versuchten die Anhänger Bakunins durch die Methode des Fürstenmordes eine Beschleunigung des Untergangs des »imperialistischen und kapitalistischen Systems« zu erzielen.

In dieser Zeit der zweiten Hälfte des 19. Jahrhunderts entstand auch zum erstenmal das Phänomen des organisierten Terrorismus als politisches Mittel zur Erreichung eines revolutionären Ziels. Eine Analyse der Wirkung des damaligen Terrorismus ergibt in höchst eindeutiger Weise, daß staatliche Systeme durch die Beseitigung ihrer Repräsentanten nicht zu erschüttern sind, wenn die Institutionen eines Staates die Nachfolgefrage schnell lösen[9].

Gegen Ende des 19. Jahrhunderts ist aber auch schon die Verwunderung des alten Friedrich Engels wahrzunehmen, der entgegen heißsporniger revolutionärer Barrikadenstürmerei die größere Chance für das revolutionäre Konzept in der vorausgehenden Inbesitznahme der Regierungsgewalt erblickt. Hier wird bereits die Idee der Revolution von oben geboren.

Ausfluß dieser Veränderung in der sozialistischen Revolutionsstrategie ist denn auch schon die Anfang unseres Jahrhunderts von Rosa Luxemburg entwickelte Theorie vom Generalstreik. Nach dieser Methode soll die organisierte Massenbewegung des Proletariats solange die Regeln der parlamentarischen Demokratie beachten, bis sie in den Besitz der absoluten Mehrheit gelangt. Sodann fällt dem Proletariat nach Rosa Luxemburg das historische Recht zu, durch die Auslösung des Generalstreiks alle Reste der bürgerlichen Herrschaft und ihrer Institutionen zu verschlagen und darauf die Diktatur des Proletariats zu errichten.

Hier wird die Einfügung der Transformationsidee als Bestandteil einer Revolutionsstrategie bereits deutlich. Die Zubereitung von Bedingungen, die den revolutionären Akt ermöglichen, verdienen seitdem mehr Beachtung als der unmittelbare revolutionäre Auslösungsakt selbst.

Ein weiterer Vorschlag zur Verfeinerung sozialistischer Transformationsstrategien unterbreitet der sozialistische Finanztheoretiker Rudolf Hilferding in seinem 1910 erschienenen Buch »Das Finanz-Kapital«. Hilferding, in der Zeit der Weimarer Republik kurzweilig ein entscheidungsunfähiger deutscher Finanzminister, meint im Gegensatz zu Marx, nicht die Enteignung der industriellen Produktionsmittel wäre die Voraussetzung für die Errichtung der Diktatur des Proletariats, sondern die proletarische Eroberung des Bankwesens, da die moderne Wirtschaft völlig durch das Bankensystem zu steuern sei.

Die Handhabung des Bankenmechanismus als Voraussetzung zur Errichtung einer sozialistischen Gesellschaft spielt schließlich eine entscheidende Rolle in der Entwicklung der austromarxistischen Gleichgewichtstheorie von Otto Bauer. Diese Theorie des damaligen Führers der österreichischen Sozialdemokraten fand 1926 Eingang in das Linzer Parteiprogramm der SPÖ. Durchaus in Anlehnung an die Generealstreikstheorie der Rosa Luxemburg vertrat Otto Bauer die Auffassung, daß sozialistische Parteien solange sich zu den demokratischen Zielen bekennen sollen, wie sie sich im Gleichgewicht zu bürgerlichen Parteien befinden. Wird aber durch eine demokratische Wahl das Gleichgewicht zugunsten einer sozialistischen Mehrheit verschoben, wird die sozialistische Geschichtsermächtigung wirksam, durch die Errichtung der Diktatur des Proletariats das Ende bürgerlicher Herrschaft unwiderrufbar werden zu lassen.

Die Schwäche der Transformationsstrategien Rosa Luxemburgs und Otto Bauers ist offensichtlich: sozialistische Beteuerungen und Bekenntnisse zur Demokratie verlieren ihre Glaubwürdigkeit und bürgerlicher Widerstand erwächst aus der theoretischen Androhung, die Demokratie am Punkt sozialistischer Mehrheitserringung beseitigen zu wollen.

Der Kommunismus sowjetrussischer Orientierung ging einen anderen Weg zur Revolution als die westeuropäischen Theoretiker des Marxismus. Ihnen gelang als revolutionäre Kaderpartei der Sprung in die Macht – aber nicht dank einer überzeugenden revolutionären Theorie, sondern weil durch den Ersten Weltkrieg die Herrschaft der Zaren beseitigt wurde – und Lenin dadurch ein Machtvakuum vorfand. Diese Anomalie der bolschewistischen Revolution hat seitdem die Kommunisten zum strategischen Experimentieren verurteilt.

Zuerst versuchten sie es noch mit der Übertragung ihrer revolutionären Konfrontationsstrategie aus ihrem eigenen Bedingungsfeld in westeuropäische Länder. In dieser Zeit nach dem Ersten Weltkrieg fixierten sie sozialdemokratische Parteien als ihre schärfsten Gegner.

Mit der Heraufkunft des nationalsozialistischen Herrschaftssystems in Deutschland entwickelten die Kommunisten eine neue Variante ihrer revolutionären Strategie durch die Erfindung der Volksfronttaktik, worunter sie das zeitweilige Bündnis zwischen kommunistischen und sozialdemokratischen Parteien verstanden. – Ein solches Bünd-

nis ist nach seither vorliegender Erfahrung jeweils ein Selbstmordprogramm für sozialdemokratische Parteien geworden.
Volksfrontbündnisse mißlangen stets, ob in Spanien und Frankreich in den dreißiger Jahren oder in Chile in den siebziger Jahren. Und unverständlich bleibt, daß sozialdemokratische Politiker ihren historisch begründeten Argwohn gegen eine Zusammenarbeit mit Kommunisten immer mehr vermissen lassen.
Eine weitere Variante in sozialistischen Transformationsstrategien ist nunmehr die Formel vom historischen Kompromiß. Danach sind christlich-demokratische Parteien als Vehikel zur kommunistischen Machtergreifung an der Reihe.
Mehr Aufmerksamkeit sollten allerdings die verfeinerten Techniken des revolutionären Sozialismus in den Ländern der Dritten Welt, in Lateinamerika, in Asien, in Afrika und im Vorderen Orient finden. Bei einer nicht oder nur teilweise ausgebauten industriellen Infrastruktur ergeben sich in diesen Teilen der Welt für sozialistische Transformationsstrategien scheinbar russische Ausgangsbedingungen: keine Massenarbeiterschaft und schwache, zumeist autoritäre Staatsführungen. Aber auch die abgesicherte Erkenntnis moderner Revolutionsforschung: Umstürze gelingen in vorindustriellen Ländern besser.
Daraus zogen sozialistische Revolutionstechniker folgende Konsequenzen:
1. Man wartet wie in Spanien und Portugal den Tod des Gründers eines autoritären Regimes ab, um dann als Märtyrerhelden der Demokratie aus der Emigration oder dem Untergrund zurückzukehren. Der Nimbus der antifaschistischen Umhüllung erbringt eine scheinbare moralische Anspruchsberechtigung.
2. Man setzt nicht auf ein Bündnis mit der ohnehin nicht vorhandenen Arbeiterschaft, sondern man unterwandert die Armee und benützt sie als institutionellen Hebel zum Umsturz.

3. Als bisher ausgeklügeltste Variante sozialistischer revolutionärer Umsturztechnik setzt man auf das Bündnis von Revolutionären und Mönchen. Was in Vietnam schon gelang, nämlich durch die Einspannung buddhistischer Mönche in die Vorbereitung einer revolutionären Atmosphäre, ist jetzt im Iran wiederum mit sichtbarem Erfolg gelungen. Die Ausnützung von unpolitischem religiösem Glaubenskapital für revolutionäre Umsturzwerke ist die erfolgversprechendste Methode in der Herrichtung eines revolutionsbereiten Milieus. Es ist leider unabweisbar, daß sich sozialistische Transformationsstrategien mit zunehmendem Erfolg eines Mißbrauchs religiöser Versöhnungs-, Schuld- und Gerechtigkeitsempfindungen bedienen.
Indessen verpflichtet die christliche Nächstenliebe nicht zum Augenverschluß vor den revolutionären Absichten politischer Gegner.
Die noch freie Welt – und damit ist die Gesamtheit aller Staaten gemeint – die noch nicht im kommunistischen Herrschaftsfeld liegen, hat nicht mehr viel Zeit, die bisherigen Erfahrungen mit den neuzeitlichen Methoden revolutionärer Strategien noch länger nicht zur Kenntnis zu nehmen. Dabei sagt weder ein echter religiöser Glaube noch eine unideologisch sich begreifende Sozialwissenschaft, daß der Kommunismus der endgültige Sieger über die Geschichte der Menschheit sein muß.
Die menschliche Allianz zwischen Glaube, Wissenschaft und Revolution muß beendet werden, wenn die Menschheit nicht länger in einem Zustand bleiben soll, in dem das Wissen um die Erhaltung und Erwartung der Freiheit nicht genützt wird.
Dazu ist hilfreich, wenn die Kategorienfelder unseres Daseins wieder ersichtlich werden. Die Entschleierung der Ideologien und die Selbstbescheidung der Wissenschaften sind zu solchen Klarstellungen über den wirklichen Gang der Weltgeschichte notwendig.
Was kann die Soziologie leisten, damit das Koordinations-

system der Welt wieder klar und damit eine Übereinstimmung für ein vernünftiges Zusammenleben der Menschen möglich wird.

[1] Joseph A. Schumpeter, Kapitalismus, Sozialismus und Demokratie, Bern, o. J., S. 21.
[2] So wird verständlich, wenn ein iranischer Intellektueller die veränderte Situation seines Landes folgendermaßen umschreibt: »Der Unterschied zwischen der Tyrannei des Schah und dem revolutionären Despotismus, den wir heute haben, besteht darin, daß man früher wußte, wie weit man gehen konnte – heute nicht. David Shears, Wäre der Ayatollah Chomeini nicht, im Iran herrschte schon längst der Bürgerkrieg, in »Die Welt«, 22. 5. 79.
[3] Max Weber, Politik als Beruf, Berlin, 3. Aufl. 1958, S. 63.
[4] Vgl. Lothar Bossle, Aufgabe und Methode der Erforschung des politischen Totalitarismus, in: Politik als Gedanke und Tat, Mainz 1967, S. 97 ff.
[5] Vgl. Lothar Bossle, Allende und der europäische Sozialismus, Stuttgart 1975, S. 113 ff.
[6] George Orwell, Collected Essays, London 1961, S. 429.
[7] Herbert Lüthy, Der entgleiste Fortschritt, Zürich 1973, S. 7.
[8] Gerhard W. Goldberg, Dritte Welt, Revolution, Masochismus, in: »Epoche«, München, März 1979.
[9] Zur näheren Beurteilung des Terrorismus als politischer Anarchismus vgl. Lothar Bossle, Soziologie des Radikalismus, Würzburg 1977.

ZWEITER TEIL

12.

Soziologie als Erkenntniswissenschaft

Wie auch viele Wissenschaften, selbst die Politik und andere soziale Gestaltungskräfte, muß die Soziologie gegenwärtig nicht nur um eine Abweisung ungeziemender Ansprüche bemüht sein, die allzu wissenschaftsgläubige Gruppen in Staat und Gesellschaft an sie richten; sie muß erst wieder um ihr wissenschaftliches Ansehen kämpfen, das durch manche zeitgeistsüchtige Verkürzungen ihrer Aufgabenstellung allzusehr beeinträchtigt wurde.

Dem enormen Bedeutungszuwachs der Soziologie nach dem Zweiten Weltkrieg folgte recht bald eine Erhöhung unzumutbarer Erwartungen, es wuchs die Suggestion, sie sei nichts anderes als eine Revolutionswissenschaft – günstigenfalls eine Aufklärungswissenschaft, wie dem sozialen Wandel zum Dauerzustand verholfen werden kann. Weithin wurde die Soziologie als »Handlungswissenschaft« begriffen, ausgehend von dem landläufigen sozialwissenschaftlichen Anspruch, soziale Tatsachen untersuchen und das Handeln des Menschen erleichtern zu wollen[1]. Gegen solche Verengungen in der Aufgabe der Soziologie gilt es, in deutlicher Wahrnehmung des Interesses, ihr wissenschaftliches Ethos zu schützen, doch hervorzuheben, daß die Soziologie zur Ideologie entwürdigt wird, wenn in ihren Methoden das Ziel der Aktion vor die Suche nach der wahrheitsbezogenen Erkenntnis gestellt wird.

Damit verlor die Soziologie ihren einmal vorhandenen Ansatz, aus einer in der Philosophie beheimateten Erkenntnistheorie zu schöpfen. Die nachfolgend eingetretenen Banalisierungen der soziologischen Methode durch die Verkürzung auf soziale Handlungsfelder müssen bekümmern, wenn man sich beispielsweise die tiefgehenden Analysen zur Erkenntnistheorie in Erinnerung ruft, die Karl Mannheim in den 20er Jahren bereits vornahm[2]. Diese erkenntnistheoretischen Tiefgänge lösten sich aber in empirischen Oberflächenzauber auf.

Die Soziologie hat sicherlich durch diesen Mißbrauch ihres Namens in den letzten Jahren die stärkste Ansehenseinbuße erlitten. Vielfach auch, weil sich die kritische Theorie Adornos und Horkheimers als einziges Gütezeichen der modernen Soziologie im öffentlichen Dafürhalten durchzusetzen verstand; obgleich die beiden Begründer der Frankfurter Schule von ihrer wissenschaftlichen Abkunft her Philosophen waren und lediglich die ideologische Gleichung: Marxismus, Soziologie und kritische Theorie mit dialektischer Eloquenz strapazierten[3].

Im Anblick einer Denaturisierung ihrer ursprünglichen und wesenhaften Aufgabe steht die Soziologie allerdings nicht alleine da. Ihre Anfälligkeit, einer Umbiegung des originären Ziels einer jeden Wissenschaft, der Erweiterung der Erkenntnis zu dienen, willfährig zu folgen, teilt sie ja schließlich mit durchaus älteren wissenschaftlichen Disziplinen. Schließlich bleiben so ehrwürdige und fundamentale Wissenschaften wie die Philosophie und selbst die Theologie vor einseitigen und modeausgerichteten Inanspruchnahmen nicht verschont.

Es entspricht offenbar dem Geist moderner Wissenschaftsgläubigkeit, nicht nur von den Sozialwissenschaften, zu denen die Soziologie gehört, sondern auch von den Geisteswissenschaften – und schließlich von den »Weltanschauungslehren«, zu denen die Philosophie und Theologie, aber auch die Naturwissenschaften zuweilen gezählt werden, vor allem Aktionshilfen und weniger an Erkenntnissen zu erwarten.

[1] Vgl. Alain Touraine, Soziologie als Handlungswissenschaft, Darmstadt–Neuwied, bes. S. 495 ff.
[2] Karl Mannheim, Wissenssoziologie, Darmstadt–Neuwied, 2. Aufl. 1970 bes. S. 166–245.
[3] Vgl. Günter Rohrmoser, Das Elend der kritischen Theorie, 4. Aufl. 1976: der Verfasser qualifiziert eindeutig die Frankfurter Schule als Appendix der Sozialphilosophie; unabweisbar ist schließlich auch, daß Horkheimer und Adorno ihr gemeinsam verfaßtes Standardwerk: Dialektik der Aufklärung als »Philosophische Fragmente« bezeichnen und sie keineswegs der Soziologie zurechnen; siehe: d. Verf. Dialektik der Aufklärung, Amsterdam 1947, auch der Nachfolger Adornos auf seinem Frankfurter Lehrstuhl, Alfred Schmidt, bemerkt in einer Rezension zur »Dialektik der Aufklärung«, es handle sich hierbei um eine der bedeutendsten zeitkritisch-philosophischen Analysen unseres Jahrhunderts.

13.

Soziologie – eine Sozialreligion?

Wissenschaften müssen ihre Dienstbarkeit als Aktionslehren beweisen, seitdem man glaubt, daß Philosophie und Theologie als Möglichkeiten zur Erklärung menschlichen und historischen Daseins abgedankt haben. Mit dem Eintritt in das positivistische Zeitalter, nach Auguste Comte zugleich das wissenschaftliche Zeitalter und der Beginn der Soziologie als selbständige wissenschaftliche Disziplin, hatte man die emanzipatorische Hoffnung verbunden, daß fortan die Religion infolge eingetretener Entbehrlichkeit keinen Lebensmachtbereich mehr darstellt.

Nicht nur die Leugnung Gottes, sondern auch die Verneinung des Religiösen als Faktor der Integration des Menschen innerhalb sozialer Gebilde, wird als erstrebenswerter Standard in der Zukunft angesehen. Ein neuerlicher Ausbruch dieser emanzipatorischen Illusion ist beispielsweise das traurig stimmende Buch von Tilmann Moser »Gottesvergiftung«[1]. Entfaltung der Persönlichkeit ist danach Abschied von der Religion als psychischer Verkrampfungsform kindlicher Erinnerung.

Im Gegensatz zu den Hoffnungen der emanzipatorischen Neuzeitplaner, daß allein schon die Rationalisierungstendenzen der industriellen Gesellschaft das religiöse Bedürfnis der Menschen entbehrlich werden lassen, sind zwei religionssoziologische Grundeinsichten in verstärkter Weise deutlich geworden: Erstens: es gibt die Unausstehlichkeit des religiösen Typus. Und zweitens: gerade auf scheinbar historisch wiederkehrenden Höhepunkten der vermeintlichen Rationalität brechen religiöse Erneuerungsbedürfnisse aus und machen sich irrationalisierende Gegentendenzen bemerkbar.

Vom unaussterblichen religiösen Typus sprach schon Eduard Spranger in seinem berühmten Buch »Die Lebensformen«. Er schildert darin eine menschliche Eigenart, alles Denken und Handeln von einer religiösen Sehweise her zu durchdringen. In Blaise Pascals »Pensées« liegt gleichermaßen ein frühes literarisch brillantes Zeugnis einer religiösen Suchernatur, des homo religiosus, vor[2]. Die »Glaubensrechenschaft eines alten Mannes« des elsässischen Pfarrers Karl Pfleger zeigt indessen in einer exemplarischen Deutlichkeit auf, daß religiöse Zweifel die Jugendzeit eines Menschen bestimmen können, um im Laufe ausreifenden Lebens und schließlich im Alter einer Vertiefung des religiösen Glaubens zu weichen[3].

Mittlerweile ist es auch eine religionssoziologisch gesicherte Erkenntnis, daß Religiosität als anthropologische Grundbefindlichkeit weiter reicht als die Gleichsetzung von Religiosität und Kirchenzugehörigkeit. Karl Forster hat in seiner jüngst vorgelegten Studie den gegenwärtigen Ausweitungsstand kirchendistanzierter Religiosität untersucht[4].

Aus einem Rückgang kirchlicher Bindungskraft läßt sich sogar die Folgerung ziehen, daß gerade bei einer Lust kirchlicher Institutionen, ihre eigenen Bastionen zu schleifen – wie es Urs von Balthasar einmal für die Zeit nach dem Zweiten Vatikanum als ersichtlich bezeichnete – die Suche nach neuen Kultformen, nach Mythen und Irrationalismen einsetzt. Diese »Dialektik der religiösen Nachfrage« ist keine neuzeitliche oder lediglich gegenwärtige Erfahrung. Franz Kardinal König hebt in seinem Vortrag über »Die Zukunft der Religion« zur Kennzeichnung der Religiosität im Übergang von der antiken Welt zum christlichen Geschichtsbeginn hervor:

»Als in der antiken Welt des römischen Imperiums

der Glaube an die Wirklichkeit und Wirksamkeit des griechisch-römischen Götterhimmels verblaßte, verbreitete sich eine Vielfalt von Kultformen, von mystischen, ekstatischen und synkretistischen Kulturen. Das Christentum, das in eine Welt der Mysterienkulte eintrat, trat damit ein in eine Welt, die sich nach tiefer religiöser Kenntnis, nach Erlösung, nach Heil ohne Unterlaß sehnte.«[5]
Obgleich die religiöse Frömmigkeit im Kirchenjahr stärker vertreten ist als selbst in theologischen Fakultäten und demnach auch im 19. Jahrhundert wie in unserer Gegenwart eine potentielle Summe an religiöser Substanz immer erhalten geblieben ist, muß dennoch ein unübersehbarer Unterschied zwischen dem 19. Jahrhundert und heute markiert werden, ein Unterschied, der die Rolle der Soziologie betrifft: während zum Beginn des industriellen Zeitalters, im Zustand kirchlicher Positionsschwächungen und religiöser Entleerung, die Soziologie als wissenschaftsbeglaubigte Sozialreligion angesehen wurde, ist in den 70er Jahren unseres Jahrhunderts, nach einer Periode emanzipatorisch-rationalistischer Erfolglosigkeiten, eine Suche nach »mystischen, ekstatischen und synkretistischen Kulten« nicht zu übersehen. Diese religiöse Sinn- und Integrationssuche ist mit einem Rückgang an Wissenschaftsgläubigkeit verbunden; sie äußert sich – zur Überraschung einer Öffentlichkeit, die solche Rückfälle lange Zeit hindurch für unmöglich hielt – in dem Anschlußbedürfnis des Menschen zu Sekten und Jugendreligionen.
Nicht, daß diese Sektenneigung eine Erscheinung unserer unmittelbarsten Gegenwart wäre. Der Protestantismus hat im Zusammenhang mit profanisierenden Rationalisierungstrends immer schon sektenhafte Abspaltungen zu beklagen. Die katholische Kirche konnte, solange ihre Ordensgemeinschaften dem religiösen Erfüllungsmotiv nach Beschaulichkeit und Askese entsprachen, ähnliche Abtrennungsbewegungen weitgehend vermeiden.

Was eine soziologische Analyse von Sekten, Jugendreligionen, auch von intimen und profanisierten Banden- und Gruppenbildungen erbringen kann, hat Ernst Troeltsch bereits 1912 in seiner Abhandlung »Kirche und Sekte« ausgeführt. Er bemerkt, daß der Typus einer jeden Kirche überwiegend konservativ ist, weil sie eine weltbejahende, massenbeherrschende und universale Institution sein muß. »Die Sekten sind demgegenüber verhältnismäßig kleine Gruppen, erstreben eine persönlich-innerliche Durchbildung und eine persönlich-unmittelbare Verknüpfung der Glieder ihres Kreises, sind eben damit von Hause aus auf kleinere Gruppenbildung und auf den Verzicht der Weltgewinnung angewiesen; sie verhalten sich gegen Welt, Staat, Gesellschaft indifferent, duldend oder feindlich, da sie ja nicht diese bewältigen und sich ausgliedern, sondern vermeiden und neben sich stehen lassen oder etwa durch ihre eigene Gesellschaft ersetzen wollen.«[6]
Diese Weltflucht aus Verzweiflung, im Aufgebot eines wertlosen und leergelaufenen Idealismus, geschieht, weil man die Gesellschaft nicht mehr als Ganzes begreifen kann. Die Reaktion auf die undurchschaubare gesellschaftliche Strukturlosigkeit ist: man schafft sich neue Reservate, wenn die Gesellschaft die bestehenden Traditionsreservate mit emanzipatorischem Hochgefühl zerschlägt. Dieser Befund, die moderne Gesellschaft nicht mehr im Prisma einer einheitlichen Theorie oder im Modell anhaltenden historischen Fortschritts einfangen zu können, ist ein Ärgernis für die Soziologie, soweit sie sich einen soizalreligiösen Anspruch zubilligt.
Diese Fehldeutung des gesellschaftlichen Prozesses und des industriegesellschaftlichen Geschehens wäre indessen vermeidbar gewesen, wenn das Bewußtsein eine durchgängige Verbreitung gefunden hätte, daß auch das industrielle Zeitalter niemals eine restlos rationalistische Gesellschaft werden kann.
Rationalität als eine Sphäre der europäischen Kultur ist si-

cherlich eine entscheidende Voraussetzung für den Aufbau einer freiheitlich-pluralen und industriegesellschaftlichen Demokratie. Die gleichzeitige und nebeneinander sich ergebende Existenz mehrerer sozialer Gruppierungen ist ohne rationale Einsicht überhaupt nicht denkbar. Arnold Gehlen hat daher in zutreffender Weise daran erinnert, daß der Franzose Ruyer bereits 1930 in seinem Buch »L'Humanité de l'avenir d'après Cournot«, der Vernunft »günstige Effekte zugeschrieben« habe, »wenn sie sich einer Sozialordnung überlagern, die vorher durch Kräfte anderer Art geschaffen wurde«[7]. Rationalismus wirkt in traditionalen Gesellschaftskörpern offensichtlich dynamisierend; aber in traditionslosen Gesellschaften ist er nur noch fade und langweilige Restverarbeitung. Damit steht in engstem Zusammenhang, daß die Idee der Emanzipation ihren Gestaltungszauber in unseren Tagen in gründlicher und hoffentlich unwiderruflicher Weise eingebüßt hat.

Diese Einbuße mußte zu Recht erfolgen, weil es die Emanzipationsideologie in ausschließlicher Weise nur auf die Entwurzelung des Menschen anlegt, seinem Bedürfnis nach Integration jedoch keine Hilfsreichung gewährt. Solange es um den Abbau fester Strukturen geht, können expansive Energien bereitgestellt werden. Wenn aber alles geschleift und bezweifelt ist, Strukturen, Werte, die Familie, dann wird die Emanzipationslust eine inhaltsleere Attitüde; in gleichem Ausmaß, wie ein Atheist in einer gottlosen Umwelt ohne Argument und Aggressivitätsanlaß dasteht.

Angesichts der gegenwärtigen Situation, in der eine leerlaufende Emanzipation kein beharrendes Gegenüber mehr hat, ist es für die Soziologie nicht nur angemessen, sich von ihrer aufgeredeten Rolle als Sozialreligion zu befreien. Sie kann dabei auf Erkenntnis- und Ermittlungsbestände zurückgreifen, die sie nicht als Krisen- und Katastrophenwissenschaft, sondern als integrative und therapeutische Soziologie begreifen lassen.

Dem Zugang zu einem solchen wissenschaftlichen Selbstverständnis kann die Soziologie ihrerseits finden, wenn sie die bisherigen Lösungsversuche der industriegesellschaftlichen Problematik radikal auf ihre Brauchbarkeit hinterfragt. Schließlich hat sie durch eine Reihe ihrer hervorragendsten Vertreter von der Hohlheit und Gefährlichkeit des bisher eingegangenen Weges, das industrielle Zeitalter dem wissenschaftlichen Verständnis zu öffnen, eindringlich und durchaus ausreichend gewarnt.

Dem Sozialismus, der sich in seiner marxistischen Komponente, wie Joseph A. Schumpeter ausführt, sich in wichtigen Hinsichten als »Religion« verstand, ist bis heute kein glaubwürdiges Programm der Freiheitssicherung gelungen[8]. Selbst Teilverwirklichungen seiner Zielsetzungen führten zu negativen Überraschungen.

Auch das liberale Gestaltungsprogramm, soweit es auf unverdrossenem anthropologischem und strukturgläubigem Optimismus beruht, ging nicht auf. Die Krise des Liberalismus wurde zur permanenten Krise im Versuch, der Demokratie zu einem globalen Durchbruch zu verhelfen. Bis heute gibt es die theoretischen Tabus des Sozialismus und des Liberalismus, welche eine Schaffung der Bedingungen verhindern, die allein einer Demokratie die Lebens- und Funktionsfähigkeit sichern, obgleich Karl Mannheim in seinem großangelegten Versuch der Beschreibung der Stellung von »Mensch und Gesellschaft im Zeitalter des Umbaus« 1947 die Forderung erhob, jene gesellschaftlichen Vorgänge zu analysieren, die zum Zusammenbruch der Demokratien in den 20er und 30er Jahren unseres Jahrhunderts geführt haben[9].

Eine Demokratieforschung als Aufgabe der Soziologie wird so lange auf Schwierigkeiten stoßen, wie nach dem Bedeutungsrückgang des doktrinären Sozialismus, Liberalismus und Nationalsozialismus, die sich als politische Religionen verstanden, die Soziologie- und die anderen Wissenschaften von dem überlastenden Anspruch befreit werden, gleichsam als ingenieurhafte soziale Religionen begriffen zu werden[10].

Diese Befreiung der Wissenschaften von quasireligiösen Heilserwartungen ist indessen nur möglich, wenn die Wissenschaften weltlich bleiben, ohne eine Transzendenzverflochtenheit des Menschen und der Welt in Frage zu stellen. Der liberale Soziologe Alfred Weber hat wie andere schon längst die Offenhaltung der Transzendenz als Kriterium ernsthafter soziologischer Methoden hervorgehoben – und drastisch betont, was er von transzendentaler Verquickung oder Verneinung hält:

> »... rettend und zugleich möglich kann nur eine Selbsterfahrung des Menschen sein, welche die durch seine Transzendenzverflochtenheit auch in ihm liegenden Befreiungskräfte lebendig macht. Es ist nichts zu hoffen, ehe nicht eine solche neue Selbsterfassung den Großteil dessen, dem man heute versklavt nachrennt, als Plunder deutlich macht, ehe nicht aus innerem Zwang Kraft und Urteil gewonnen werden, von den zuströmenden Daseinsimpressionen das Platte und Überflüssige beiseite zu werfen, und den ausgewählten Rest produktiv sich selbst erhöhend zu verwenden.«[11]

Einen Weg, wie von Alfred Weber gefordert, wird die Soziologie jedoch nur gehen können – und das ist ein Weg der Selbstbescheidung – wenn auch die anderen Wissenschaften die Neigung zu ungemäßen kategorialen Übertragungen und zur Vorrangsetzung der Aktion beiseite lassen. Hierzu gehört auch, daß Geisteswissenschaften es bleiben und nicht in modischer Verkürzung ihres ursprünglichen Auftrags nur noch Ausschau nach ihrer sozialwissenschaftlichen Relevanz halten; Philosophie, Theologie und die Naturwissenschaften sind deshalb in besonderer Weise aufgefordert, bei ihrem Ursprung zu verbleiben.

---

[1] Vgl. Tilmann Moser, Gottesvergiftung, Frankfurt/M. 1976.
[2] Vgl. Blaise Pascal, Gedanken, mit einer Einführung von Romano Guardini, Binfelden-Basel, o. J.

[3] Vgl. Karl Pfleger, Glaubensrechenschaft eines alten Mannes, Frankfurt a. M. 1967; bedeutsame Hinweise auf den religiösen Suchertypus gibt ders. Autor in seinen Büchern: Kundschafter der Existenztiefe, Frankfurt/M. 1960; Die reichen Tage, Münster 1964; Lebensausklang, Frankfurt/M. 1975.

[4] Vgl. Karl Forster Hrsg., Religiös ohne Kirche, Mainz 1977.

[5] Franz Kardinal König, Die Zukunft der Religion, in: Ordnung im sozialen Wandel, Festschrift für Johannes Messner, Berlin 1976, S. 19.

[6] Ernst Troeltsch, Kirche und Sekte, aus: Die Soziallehren der christlichen Kirchen und Gruppen, Tübingen 1912; wiederabgedruckt in: Friedrich Fürstenberg (Hrsg.), Religionssoziologie, 2. Aufl., Neuwied 1970, S. 299.

[7] Arnold Gehlen, Über Barbarei, in: Neue Deutsche Hefte, hrsg. von Joachim Günther, Nr. 153, Heft 1/1977, S. 3.

[8] Joseph A. Schumpeter, Kapitalismus, Sozialismus und Demokratie, Bern 1945, S. 19.

[9] Karl Mannheim, Mensch und Gesellschaft im Zeitalter des Umbaus, Leiden 1935.

[10] Zur Aufgabe der Soziologie als Demokratieforschung vgl. die Festschrift aus Anlaß des 65. Geburtstages von Otto Stammer: Politische Soziologie und Demokratieforschung, Köln–Opladen 1965.

[11] Alfred Weber, Einführung in die Soziologie, München 1955, S. 501.

14.

Der Mißbrauch der Philosophie als Handlungswissenschaft

Es ist eine durchaus geläufige Unterstellung, die Soziologie sei die Wissenschaft vom sozialen Handeln. Schließlich hat der größte und am häufigsten zitierte Legitimitätszeuge der deutschen Soziologie, Max Weber nämlich, die Aufgabe der Soziologie als Handlungswissenschaft formuliert. Von ihm stammt allerdings auch die berühmte und noch heute problematisierte These von der Werturteilsfreiheit als Forderung, die an eine soziologische Analyse zu stellen ist.

Der Verzicht auf das Werturteil ist allerdings mit der wissenschaftstheoretischen Entscheidung verbunden, der Erkenntnis als Vorgang des Denkens den ersten Rang einzuräumen. Was hiermit für die Soziologie eine methodisch-disziplinierende Gültigkeit besitzt, hat noch eine größere Bedeutung für die Philosophie.

Die Philosophie hat im Abschreiten des nachbarlichen Verhältnisses zur Soziologie sicherlich die Leistung zu erbringen, daß sie die erkenntnistheoretische Grundorientierung darstellt, aus der erst die Verringerung soziologischer Fehlanalysen hervorgeht; an den unverrückbaren Brocken philosophischer Fundamentalerkenntnisse darf selbst die empirische Sozialforschung als ein unbestreitbar bedeutsamer Zweig der Soziologie nicht achtlos vorübergehen.

Dieser Orientierungsaufgabe kann die Philosophie jedoch nur gerecht werden, wenn sie Ontologie im Sinne von Anselm von Canterbury bleibt; und sich nicht schon im Nominalismus des Wilhelm von Occam von ihrer zentralen

Aufgabe als Erkenntnislehre entfernt. Die Einfassung der Philosophie als Grundlegung menschlicher Erkenntnis bedeutet allerdings nicht, daß sie Erfahrung, Intuition, Willensregungen als Elemente der Erkenntnis ausschließen soll. Es ist ein schlimmes Vorurteil gegen die Philosophie, wenn man glaubt, daß Erkenntnisse zur Aufstellung von Begriffssystemen führen müßten; Erkenntnisse umgreifen die Fülle des Lebens, Begriffe sind Abstraktionen um den Preis der Wirklichkeitsnähe. Die Geschichte des Abstiegs der Philosophie begann daher mit Hegel, der mit der Erkenntnistradition der europäischen Philosophie brach, um seine begrifflich-systematische Versessenheit als Gipfel aller Philosophie zu begreifen. Hermann Lübbe sieht deshalb zutreffend, daß die politische Philosophie seit Hegels Tod keine abendländische Kontinuität mehr vertritt, sondern lediglich noch eine vormärzliche Mentalität[1].

Was war jedoch die Philosophie seit Hegel – ausgenommen die rezeptive und treue Schulphilosophie? Sie wurde mißbraucht, um revolutionären, aktivistischen und voluntaristischen Konzeptionen der Weltumgestaltung die wissenschaftliche Weihe zu verleihen.

Die größte Sünde begingen dabei die Kinder der hegelianischen Philosophie – die ungeduldigen Linkshegelianer. Ihnen war die Gelassenheit abhanden gekommen, die zur gründlichen Erarbeitung einer Erkenntnis gehört. Mit dem zynischen Wort von Marx, daß die Philosophen die Welt bisher nur verschieden interpretiert haben, es jedoch darauf ankomme, sie zu verändern, wurde das Ende der europäischen Philosophie einzuläuten versucht.

Seitdem war die Philosophie dem massiven Versuch ausgesetzt, windigen Aktionslehren den Anschein der Erkenntnistiefe zu verleihen. Wissenschaftliche Berechtigung erhält diese unkritische Methode dann vollends durch die Profilierung des Positivismus als höchste Stufe der Philosophie – zugleich mit der Begründung der Soziologie aus dem Geist des Positivismus in der Absichtlichkeit von Auguste Comte.

Nun ist nicht zu bezweifeln, daß es in der Gesamtheit der Welterscheinungen auch Bereiche gibt, die in routinierter Zweckhaftigkeit zu beherrschen sind. Die Summe der Welt und des Lebens läßt sich nicht in eine einzige Norm einfügen; eine unbegriffliche Erscheinungsvielfalt kann nur durch ideologische Operationen aus dem Umkreis wissenschaftlicher Erkenntnis verschwinden. Es kommt nur darauf an, daß man sich nicht durch Zubilligung exakter Wissenschaftlichkeit anschickt, unbegriffliche Erscheinungen begrifflich zu systematisieren. Grüblerischer Philosophie im Sinne von Heidegger kommt sicherlich eine spekulative Exklusivität zu; Edmund Husserl in seiner Phänomenologie als moderner Philosophie hat unzweifelhaft die Wirklichkeit stärker umgriffen. Erfahrung bezieht nicht nur Begrifflichkeiten ein, sondern auch Erscheinungen[2]. Und Erscheinungen, ihre zusammengezogenen Einzelteile zu einem Gesamten, sind mehr als bloße Tatsachen. Keine Wissenschaft, und schon gar nicht die Philosophie, darf sich auf die Sammlung augenscheinlicher Tatsachen beschränken. In einer Würdigung des weitausgreifenden Umfanges der philosophischen Phänomenologie ruft Edith Eucken-Erdsiek eine unumstößliche These von Husserl in Erinnerung: »Tatsachenwissenschaften machen Tatsachenmenschen.« Und: »Für Husserl konnte die Wahrheit der positiven Wissenschaften nicht die ganze Wahrheit sein.«[3] Sicher ist nicht jede Wirklichkeit schon Wahrheit. Die Philosophie würde dennoch gut daran tun, die Untersuchung von Wirklichkeiten anderen Wissenschaften, beispielsweise auch der Soziologie, zu überlassen. Diese Ausweisung der Philosophie aus dem Feld der Wirklichkeitsanalyse darf aber nie und nimmer bedeuten, daß Wahrheitssuche als wissenschaftliches Erkenntnisproblem unnötig wird.

Die Kennzeichnung, daß die Soziologie eine Wirklichkeitswissenschaft sein soll, die Philosophie nur hingegen eine Wahrheitswissenschaft, trennt beide nicht; Hans Freyer bezeichnete die Soziologie schließlich als eine Wirklichkeitswissenschaft in einem Werk, das seinem Bemühen galt, der Soziologie eine philosophische Grundlegung zu geben. Und um diese philosophisch-soziologische Bindung zu verdeutlichen, warnte er mit dem berühmten Wort, sich nicht »mit einem Hechtsprung in die sogenannten Tatsachen zu stürzen«[4].

Die sozialwissenschaftliche Bescheidenheit, lediglich nur Tatsachen sammeln zu wollen, entpuppt sich immer recht schnell als Überheblichkeit gegenüber den Wirklichkeiten der Welt. Der Preis, welcher für die Erhebung der Tatsachensammlungen zum wissenschaftlichen Prinzip jeweils gezahlt werden muß, ist das Begnügen mit einem oberflächlichen Hinschauen.

Ein wissenschaftliches Bemühen, das sich auf bloße empirische Bestandsanalysen beschränkt, keine Sinndeutung der Erscheinungen mehr als Aufgabe ansieht, kann in der Problembewältigung einer Zeit nur noch zu verkürzten und stupiden bürokratischen und technokratischen Lösungen raten. Die Ratlosigkeit, die aus dem Verzicht auf den Tiefblick hervorgeht, erzeugt einen Rationalisierungsdruck, der zur Entscheidung für den bequemsten Weg führt; es entstehen dann Gehäuse der Zweckrationalität, die sich nach einiger Zeit als unbewohnbar herausstellen.

Nach der Zeitmode eines besonders vehementen Rationalisierungsdrucks, die man zur Verleihung fortschrittlichen Glanzes mit der Bemerkung auszeichnete, nun habe endgültig das Reformzeitalter begonnen, ist nunmehr in geradezu bestürzender Weise die Erkenntnis aufgebrochen, daß man sich nicht auf den Weg in das Reich der Freiheit begeben hat, sondern man schritt gedankenlos in ein System der Notwendigkeiten und Zwangsläufigkeiten.

In solchen Zeiten des abflauenden Strukturfetischismus, der Einsicht, mit den herkömmlichen Methoden der Wissenschaften den Problemen der Zeit nicht beikommen zu können, kann die Philosophie einen erhöhten Nachfragewert erhalten. Gerade dann aber darf sie nicht, in Erkenntnis einer scheinbaren Opportunität der Stunde, sich der Ratlosigkeit der Zeit gegenüber als Wissenschaft des Handelns und der Aktion erklären; Perioden der wissenschaftlich-geistigen Verflachung können nicht durch die Flucht in das Handeln und in die Aktion überwunden werden; sie müssen durch neues und vertieftes Nachdenken in ihrer Problematik bewältigt werden.

Insofern ist der von Adorno 1961 vom Zaune gebrochene Positivismusstreit, der mehr ein Streit um die philosophische Methodologie als ein Problem der Soziologie war und in dem sich der Sozialphilosoph Karl Popper und der Soziologe Hans Albert zu Recht gegen die Etikettierung als Positivisten zur Wehr setzten, nicht nur ein sinnloser Streit gewesen[5]. Die Philosophie hätte auch anders reagieren müssen, als die marxistisch garnierte kritische Theorie das Stichwort zur Einleitung des Prozesses der sozialen und geistigen Auflösung im Namen der Emanzipation angab[6]. Statt dessen ließ sich die Philosophie in den Verruf bringen, sie sei überflüssig geworden. Ihre wirklich bedeutsamen Vertreter wurden nicht mehr angehört; und andere drängten sich zum masochistischen Verzicht heran, wie es der Zeittrend offenbar von ihnen verlangte. Sie gaben die geisteswissenschaftliche Grundorientierung der Philosophie preis, verstanden ihre Wissenschaft als Praxis-Philosophie, nicht mehr als Wissenschaft vom Denken[7].

Diese Kapitulation der Philosophie vor dem praxeologischen Verlangen war eine Wiederholung des Mißbrauches der Philosophie durch Marx im 19. Jahrhundert. Der Marxismus, der sich je nach der jeweils gerichteten Anfrage als Kind der klassischen deutschen Philosophie, als leuchtendes Produkt der politischen Ökonomie oder als der Anfang der klassischen Soziologie versteht, lebt ohnehin seit seiner Existenz von illegalen Besetzungen. Dabei hat er das angebliche Kernstück seiner Lehre, die Ökonomie im Sinne einer Symbiose stets gemieden, was die Gefahr einer Ideologisierung der Wirtschaftswissenschaften verhindert hat. Statt dessen

mißbrauchte der Marxismus im 19. Jahrhundert eine verkürzte Philosophie, in Gestalt des philosophischen Materialismus. Mit dem Durchbruch der »Kritischen Theorie« mißbrauchte der Marxismus die Soziologie, die Sozialphilosophie und die Psychologie gleichermaßen[8].
Der marxistische Zauber, auch auf andere Wissenschaften ausgeübt, ist mittlerweile welk geworden. Dieser Rückgang der spätmarxistischen Renaissance bedeutet indessen nicht, daß der Marxismus als Grundempfindung erhalten bleibt – und auf eine erneute Wiederkehr als Modelehre wartet.
In einer solchen wissenschaftsgeschichtlichen Lage darf die Philosophie, selbst im Zustand wiedererwachten Gefragtseins, nicht der Versuchung nachgeben, sich als aushelfende und handgestrickte Aktionslehre herzugeben. So bedeutsam auch manche philosophischen Entwürfe sein mögen, beispielsweise in der Lehre von Maurice Blondel, der Philosophie die Aufgabe zuzuweisen, Lebenshilfe durch die Aktion zu erbringen[9].
Die Philosophie muß durch ihre eigene traditionsgebundene und wissenschaftsmethodische Striktheit dazu beitragen, daß auch andere Wissenschaften ermuntert werden, den Vorrang der Erkenntnis als Voraussetzung aller Wissenschaften zu begreifen. Sie muß ganz besonders darauf eingeschworen sein, »voraussetzungslos« zu denken, wie es Georg Simmel, der wie viele andere ein guter Soziologe war, weil er zugleich ein hervorragender Philosoph gewesen ist, schon hervorgehoben hat[10]. Nur in einer solchen Einpflichtung der Philosophie, vor allem Erkenntnis und Verständnis zu wecken, ist eine Voraussetzung geschaffen, damit auch die Soziologie nicht die ihr eigentümliche Aufgabe aus dem Blick verliert.
Zugleich bedeutet dies: ist die Philosophie nur oberflächliche Anleitung zum Handeln, kann die Soziologie keine umfassende Wissenschaft mehr sein. Dann ist sie ein Körper ohne Geist und Seele – von der Amputation der Gliedmaßen ganz zu schweigen.

[1] Hermann Lübbe, Politische Philosophie in Deutschland, München 1974, S. 11.
[2] Vgl. Edmund Husserl, Erfahrung und Urteil, hrsg. von Ludwig Landgrebe, Hamburg 1948.
[3] Edith Eucken-Erdsiek, Leidenschaft zur Wahrheit, Erinnerungen an Edmund Husserl, in: FAZ, 15. Jan. 1977.
[4] Hans Freyer, Soziologie als Wirklichkeitswissenschaft, Darmstadt, 1964, S. 1.
[5] Vgl. Th. W. Adorno u. a., Der Positivismusstreit in der deutschen Soziologie, Darmstadt und Neuwied, 5. Aufl. 1976; H. Albert vermerkt zutreffend, daß der vorwurferhebende Adorno selbst »Opfer seines eigenen etwas verwaschenen Positivismus-Begriffs« geworden ist; siehe S. 336.
[6] Allein schon die Unterscheidung zwischen bisheriger und »kritischer Theorie« machte den Anspruch bemerkbar, mit herkömmlichem Denken zu brechen und der Wissenschaft eine gesellschaftsumgestaltende Funktion zuzubilligen. Vgl. dazu: Max Horkheimer, Traditionelle und kritische Theorie, Frankfurt, 1975.
[7] Dieser Weg einer »Praxis-Philosophie« ist instruktiv beschrieben bei: Willy Hochkeppel, Mythos Philosophie, Hamburg 1976.
[8] Vgl. Lothar Bossle, Soziologie des Sozialismus, Köln 1976, S. 17 und S. 46.
[9] Vgl. Maurice Blondel, Die Aktion, Freiburg/München 1965; erstmals erschienen unter dem Titel »L'Action« 1893.
[10] Georg Simmel, Hauptprobleme der Philosophie, Berlin 1964; erstmals 1910 erschienen.

15.

Die Theologie muß
Transzendenzwissenschaft bleiben

Was für die Philosophie gilt, hat gleichen Ermahnungswert für die Theologie; sie vernachlässigt ihre Aufgabe, unverrückbare Transzendenz als Erkenntnisquelle zu vermitteln, wenn sie dem Zeitgeist ihren Ursprung als Tribut opfert.
Wenn schon die Philosophie keine Aktionslehre sein kann, und der Zweck der Soziologie in verkürzter Weise aufgefaßt wird, wenn man in ihr eine Handlungswissenschaft erblickt, wie denaturiert muß dann die Theologie aussehen, wenn sie zuweilen als Lehre von der sozialen und politischen Praxis des religiösen Menschen feilgeboten wird.
Als Ursache für die Verlockung der Theologie, sich als weltliche Wissenschaft zu erweisen, wird hie und da »das massive Eindringen der Soziologie in die Theologie« angesehen[1]. Sogleich muß hier nach der Beschaffenheit einer Soziologie gefragt werden, die sich als eindringlich in die eheren Bereiche der Theologie entdecken läßt. Sicher läßt sich eine Soziologie in positivistischer Methodenkargheit ausmachen, die ja schon immer den Versuch unternahm, »eine metaphysikfreie Wissenschaft zu schaffen«[2]. Aber es ist nicht zu leugnen, daß die Öffnung für soziologische Betrachtungsweisen durch die Theologie selbst erfolgte; nicht zuletzt auch durch die Anstrengung mancher Theologen, ebenfalls der modifizierten Aktualität folgend, auf den Eintritt in den Umkreis sozialwissenschaftlicher Anerkennung bedacht zu sein.
Wie sich um den Preis der Gesamtschau nach und nach eine

Reihe von Bindestrich-Soziologien ausfalteten, was im Sinne wissenschaftsmethodischer Spezialisierung aber noch angehen mag, entstehen seit der Existenz der Sozialwissenschaften Modetheologien, die metaphysische Ursprungsverkümmerung und Zeitgeistsüchtigkeit verraten. So werden Gott-ist-tot-Theologien, Auflösungstheologien in historische Forschung, politische Theologien, Theologien der Hoffnung, der Revolution, der Befreiung produziert – die sich dann jeweils mit dem Hinweis rechtfertigen, sie seien aus den besonderen Notwendigkeiten der Zeit und den besonderen Bedürfnissen der Menschen hervorgegangen.

Dieser theologischen Denaturisierungstendenz, nicht mehr aus den Quellen der Offenbarung und der Tradition zu schöpfen, sich vielmehr von den modischen Erregungsrhythmen anderer Wissenschaften und dem Zeitgeist mitreißen zu lassen, entspricht das Bedürfnis moderner Ideologien und politischer Bewegungen, ihre unpolitischen, zumeist quasireligiösen Motive zu verbergen. In seiner »Soziologie des Kommunismus« hat Jules Monnerot schon 1952 demgemäß den Marxismus als den »Islam des 20. Jahrhunderts« bezeichnet[3]. Inzwischen haben sich die methodischen Formen der Zusammenarbeit zwischen revolutionären und traditionsgebundenen Gruppen erheblich verfeinert. Bereits in Vietnam, jetzt aber auch in Persien, wird das makabre Bündnis zwischen Revolution und Mönchstum unter Moskauer Regie deutlich; eine strategische Variante kommunistischer Aushöhlungstechnik, die besonders schwer in ihrer Verursachung zu erkennen ist.

Dabei ist für die instrumentale Technik strategisch-ideologischer Gerissenheit die religiöse Harmlosigkeit in den Angelegenheiten der Politik schon häufig mit Erfolg zu kalkulieren gewesen. Eduard Heimann, der als jüdischer Emigrant die Jahre vor dem Zweiten Weltkrieg im westlichen Ausland zubrachte, gesteht freimütig, daß die abenteuerliche Politik Hitlers ihre größte Begünstigung durch den »Pazifismus von Lehrern und Theologen« in England, Frankreich und den USA erhalten habe[4].

Die Neigung, im Sinne einer noch angenommenen eindimensionalen Welt und dem Ruf nach einer ungeteilten Moral, die Realitäten der Politik nach den Grundsätzen religiöser Ethik anzupassen, führt jeweils zur Unterlegenheit der religiösen Weltansicht. Wie nur in dem Bedürfnis politischer Ideologen, ihre Ziele religiös zu garnieren, ein legitimierungssüchtiger Antrieb vorliegt, so bemühen sich die Als-ob-Theologien in ihrer Abkehr von der Transzendenz, sich mit dem Legitimationsschleier der modernen Wissenschaften zu versehen.

So ist unzweifelhaft, daß sich der letzte Schrei der Bindestrich-Theologien, die Theologie der Befreiung, die Rechtfertigungen aus einem in der Geschichtsphilosophie so nirgends vorhandenen Begriff von »Befreiung« und einem in den Sozialwissenschaften so nicht geläufigen Politik- und Sozialbegriff bezieht[5]. Hierdurch wird sie nicht nur gleich in eine sozialwissenschaftliche Kritik verstrickt, weil sie sich wie die Ideologien unzulässige Legitimitätsstützen verschafft, da sie die Unanfechtbarkeit und Erhabenheit der transzendentalen Aussage preisgegeben hat, sich in das konkrete Aussagenfeld irdischer Daseinsgestaltung hineinwagt, ist ihre Lebensdauer infolge schnell eintretender Widerlegung durch die Wirklichkeit ohnehin sehr begrenzt.

Diese Exodustheologien begründen ihre Vernachlässigung der Transzendenz mit dem Hinweis, daß sie das Wesen des Menschen und sein Heil stärker als bislang mit ihrer Aufmerksamkeit verfolgen wollen. Nun bedarf es nicht eines besonderen Hinweises, ermöglicht durch vergleichende religionssoziologische Erfahrung, daß die Stellung des Menschen in den Weltreligionen unterschiedlich ist. Neben anderen Voraussetzungen richtet sich die Formulierbarkeit der Position im Gefüge einer Theologie nach der Gestalt- und Personenhaftigkeit Gottes; Natur- und mystische Religionen hingegen neigen mehr zur entindividualisierenden kosmischen Einbettung des Menschen.

Das europäische Christentum hat von Beginn an eine ausgeprägte anthropologische Dimension; allein schon die Lehre von der Gottebenbildlichkeit des Menschen, einem Kernstück christlicher Theologie, hat den Menschen in die Beziehung zu Gott gesetzt. Transzendentale Verflochtenheit des Menschen bedeutet aber nie Preisgabe der Transzendenz. Das ist jedoch geschehen, vor allem durch das leichtfertige Wort Ludwig Feuerbachs: »Die Theologie ist Anthropologie, d. h. in dem Gegenstande der Religion, den wir griechisch Theos, deutsch Gott nennen, spricht sich nichts anderes aus als das Wesen des Menschen...«[6]. Nach inzwischen eingetretener Erfahrung mit Theologien der Verflüchtigung kann man im Anschluß an Feuerbach sagen: die Anthropologie ist die Auflösung der Theologie. Damit werden Theologien zu Ersatzstücken und verlieren die transzendentale Dimension.

Diese Einschleußung anthropologischer Ansprüche in die Theologie gefährdet nicht nur ihre dogmatischen und fundamental-theologischen Darstellungsbereiche; noch größer wird durch eine Aufhebungstendenz der Offenbarung und der Tradition durch emanzipatorische Anthropologie die Gefahr für die Pastoraltheologie. Franz-Xaver Kaufmann nimmt ja insgesamt an, daß die Verständigungsschwierigkeiten zwischen Theologie und Soziologie auf einem »Konflikt zwischen unterschiedlichen Willenssystemen« zurückzuführen sind[7]. Völlig zurecht geht Kaufmann davon aus, daß dieser Zwiespalt auf die Unterschiedlichkeiten in den Sinnstrukturen von Theologie und Soziologie zurückgeht.

Zuweilen kann jedoch der Eindruck entstehen, daß sich manche Theologen von Soziologen sagen lassen müssen, was pastoraltheologisch zur Verlebendigung und Erhaltung kirchlicher Strukturen erforderlich ist. Die Soziologie hat daher manchmal für die Eigenart kirchlicher und religiöser Formen ein größeres Verständnis als Befreiungstheologen.

Die Soziologie benötigt die Theologie als Schutzpark der Transzendenz: auf eine Theologie, die sich auf ihrem Feld breitmachen will, kann sie indessen verzichten.

[1] Wilhelm Weber, in: Politische Denaturierung von Theologie und Kult, Aschaffenburg 1979, S. 7.
[2] Hans Leisegang, Einführung in die Philosophie, 5. Aufl., Berlin 1963, S. 114.
[3] Jules Monnerot, Soziologie des Kommunismus, Köln 1952, S. 9 ff.
[4] Eduard Heimann, Freiheit und Ordnung, Lehren aus dem Kriege, Berlin-Grunewald, 1950, S. 31.
[5] Vgl. zur wissenschaftlichen Kategorisierung der Befreiungstheologie die bisher vorliegenden Veröffentlichungen des Studienkreises »Kirche und Befreiung«, herausgeg. von Franz Hengsbach, Alfonso Lopez-Truyillo, Lothar Bossle, Anton Rauscher, Wilhelm Weber, Aschaffenburg.
[6] Ludwig Feuerbach, Das Wesen der Religion (1851), zitiert nach: Gerhard Möbus. Behauptung ohne Beweis, Osnabrück 1961, S. 70.
[7] Franz Xaver Kaufmann, Theologie in soziologischer Sicht, Freiburg 1973, S. 61.

16.

Die Übertragungssucht der Naturwissenschaften

Ludwig Feuerbach hat das Verhängnis seiner Denkausschweifung noch erhöht, indem er meinte, Theologie sei nicht nur Anthropologie, sondern auch noch Physiologie[1]. Religion, eigentlich alle Empfindungen und Gefühle der Menschen, sind danach nichts anderes als psychische und physische Reflexe. Dieser im 19. Jahrhundert aufgekommenen Auffassung gemäß glaubte man, daß sich in der fortschreitenden Entwicklung der Naturwissenschaften die Religion als mittelalterliche und vorindustrielle Realität zu guter Letzt auflöst.
Das wissenschaftsoptimistische und profanisierungssüchtige 19. Jahrhundert war gekennzeichnet durch die Illusion, daß nunmehr nicht nur das sozialwissenschaftliche, sondern auch das biologistische Zeitalter ausgebrochen ist.
Das Diktum von Auguste Comte, Soziologie sei »soziale Physik« leistete bei dieser Übertragungsannahme, wie das kommende Zeitalter aussehen soll, einen hinreichenden Beistand. Die Philosophie geriet aus ihrer traditionellen Höhenluft, wurde Naturalismus und Materialismus – und verkümmerte begreiflicherweise. Dabei stellte sich die immer wiederkehrende wissenschaftsgeschichtliche Tragik heraus, daß Übertragungen zumeist mit Verkürzungen verbunden sind. Transformationen innerhalb eines Wert- und Stufenverhältnisses können ja sehr denkerweiternd sein; so beispielsweise die Aufbrechung einer lediglich rationalen Erkenntnismethode durch die Zutaten an utopischer Projek-

tion, an Spekulation und Imagination. Auch der Sprung vom systematischen zum bildhaften Denken bedeutet jeweils eine Bereicherung an Erkenntnis[2]. So, wie selbst in der Psychoanalyse Freuds die Offenlegung einer Tiefendimension menschlichen Wesens möglich wurde, wie Romano Guardini in einer äußerst umsichtigen und einfühlenden Studie des Werkes von Freud anmerkte[3].
Übertragungen von Kategorien aus einem Bereich der Erkenntnis in andere Gebiete der Wissenschaft und des Lebens sind aber mit Sinn- und Wahrheitsverlusten verbunden. Hier kann nämlich eine zweifache Verkürzung eintreten: einmal die unbesehene, aber doch versessene Übertragung von einer Wesenskategorie zur anderen, beispielsweise die in unserem Zusammenhang besonders interessante Transformation naturwissenschaftlicher Erkenntnisse in geistes- und sozialwissenschaftliche Aufschließungsbereiche.
Und zweitens: die Bemächtigung einer verkürzten Idee durch soziale und politische Bewegungen. Im ersten Fall ist die Stunde der Epigonen und Dilletanten gekommen; im zweiten Fall die Stunde der Gunst für Funktionäre und Demagogen.
Das wohl bemerkenswerteste Beispiel unzulässiger Übertragungen naturwissenschaftlicher Erkenntnisse auf das Gebiet der Anthropologie ist die Geschichte des Darwinismus, des Mißbrauchs darwinistischer Vereinfachungen in der sozialen und politischen Gestaltungswelt – seine Demagogisierung im Sozialdarwinismus.
Charles Darwin war in der Aufstellung seiner Lehre schließlich noch vorsichtig, sprach von Hypothesen – seine Epigonen aber waren es nicht mehr. Darwin sagte noch abwägend im Schlußkapitel seines Buches über die »Abstammung des Menschen«: »Viele der Ansichten, die ich ausgesprochen habe, sind sehr spekulativ, und manche werden sich zweifellos als irrig erweisen; aber ich habe in jedem Fall die Gründe angegeben, die mir die eine Ansicht annehmbarer machten als eine andere.«[4]

Indessen war Darwin gar nicht der vorsichtige Naturforscher. In der Analyse der Darwinschen Werkentstehung tritt das vielfach bestätigte Ergebnis zutage, daß Darwin das innere Bild für die Aufstellung seiner Lehre nicht dem naturwissenschaftlichen Experiment, sondern der Nationalökonomie verdankt. Hedwig Conrad-Martius bemerkt deshalb zutreffend, daß »Darwins Theorie ihrerseits in den soziologischen Verhältnissen und Lehren seiner Zeit wurzelte«[5].

Die Tendenz eines Einbruchs soziologischer Denkmuster ist indessen nicht nur auf die Verlaufsgeschichte des Darwinismus und – was noch verständlicher ist, den Sozialdarwinismus eingegrenzt. Es besteht kein Zweifel, daß die Soziologie den modernen Totalitarismen ganz wesentliche methodische Hilfsmittel zur Durchsetzung ihrer Herrschaftsansprüche leider zur Verfügung gestellt hat. Der Bolschewismus als erfolgreichste machiavellistische Herrschaftslehre unserer Zeit ist beispielsweise ohne Beherzigung machtsoziologischer Elemente überhaupt nicht denkbar[6]. Und so ist auch nicht zu leugnen, daß die auf einer empirisch-soziologischen Analyse beruhenden Theorien Georges Sorels, wie mit den Mitteln der Gewalt im industriellen Massenzeitalter die Herrschaft zu erringen und zu erhalten ist, bereits einen frühen Eingang in das gesamte Spektrum des rechten und linken Herrschaftsfaschismus gefunden haben[7].

Ist es dann ein Wunder, wenn, wie Helmut Schelsky anmerkt, das soziologische Selbstverständnis auch »zunehmend in die angewandten Naturwissenschaften« eingedrungen ist[8]? Bevor es jedoch zu dieser Invasion soziologischen Denkens in das naturwissenschaftliche Verständnis der Welt kam, trat zum Beginn der Neuzeit mit Francis Bacon eine Wissenschaftsgläubigkeit auf den Plan, die den Anspruch auf eine Ablösung des bislang bestimmenden transzendental-religiösen Weltbildes nachdrücklich verfochten hat. Bacon tat Philosophie und Theologie als »nutzlose Mythen«

ab, erklärte die experimentellen Naturwissenschaften zur »Mutter« aller Wissenschaften; er gab den »mechanischen Künsten« den Vorzug. Durch diese Akzentuierung der Naturwissenschaften vollzog sich der Aufbau einer isolierten Wissenschaftswelt, die eine »Sichtverschiebung der Heilssuche zu einer Fortschrittssuche bewirkte«[9].
Was zuerst im Sendungsbewußtsein einer wissenschaftlichen Ernsthaftigkeit begann, nahm sodann in den Versuchen zur konkreten Umsetzung – infolge der verkürzenden Wiedergabe unzutreffender Prämissen – höchst verhängnisvolle Folgewirkungen an. Es bedarf ja nur manch eines Blickes in das naturwissenschaftlich-soziologische Kombinationsvokabular, um den unbarmherzigen und menschenfeindlichen Abweg zu erkennen, welcher durch die unzulässige Verquickung naturwissenschaftlicher und soziologischer Kategorien zutage tritt. Aus dem Grundsatz menschlicher Gleichheit und Gerechtigkeit heraus wird der Mensch ein Züchtungsobjekt; dazu sind erbbiologische Personalbogen zum Zwecke der Fortpflanzungsauslese erforderlich; da gibt es abwegige Reflexionen über die Rassetüchtigkeit primitiver Völker; Menschenzüchtungsspiele werden formuliert; rassenhygienische Utopien blühen; es wird über den Ampullenvater, die Sowjetbiologie, über den Unterschied von Vieh- und Menschenzüchtungen nachgedacht. Am Ende ist alles nur noch biologisch-soziologisches Material zur selbstgenügsamen Verwendung in wissenschaftlich-ideologischen Fabriken.
Nach dem Ende des Nationalsozialismus im Jahre 1945 bestand dabei eine durchaus begründete Hoffnung, daß Irrationalismus und Unmenschlichkeit keine ideologisierungsträchtigen Absichten mehr in der Gestaltung des geschichtlichen Geschehens sind. Dieser Annahme zufolge meinte auch Arnold Gehlen: »Die ideologische Produktivität der Wissenschaften ist ebenfalls erloschen, der Darwinismus, bei Nietzsche und Hitler höchst folgenreich, regt niemanden mehr auf.« Aber dann äußert Gehlen Befürchtungen, die

sich auf die Soziologie beziehen: »Die Wissenschaften sind aufs äußerste verästelt und ausgefaltet, mit Ausnahme der Soziologie, die tränenreichen Erinnerungen aus der Aufklärungszeit noch Asyl bieten kann.«[10]
Zutreffend in dieser für die Soziologie nicht schmeichelhaften Feststellung Gehlens ist sicherlich, daß der Darwinismus als wissenschaftlicher Ausgangspunkt eines ideologisierten Rassenfanatismus seine Verzauberungskraft inzwischen eingebüßt hat. Die ideologische Produktion der Wissenschaft stand jedoch in der Zeit nach 1964, dem Jahr, in dem Gehlen diese Hoffnung aussprach, der Konstruktion neuer Fanatismen zur Verfügung. Die Wiederbelebung der Klassenkampfthese als Kategorie sozialwissenschaftlichen Erkennens ist schließlich ebenso simpel und dümmlich wie die frühere Erhebung der Klassenkampfthese zum einzigen Erklärungsschema des geschichtlichen und sozialen Prozesses. Das Fehlen der kategorialen Unterscheidung zwischen Geistes-, Natur- und Sozialwissenschaften führte schließlich zu einem erneuten Ausbruch irrationaler Wissenschaftsgläubigkeit.
Der Spätmarxismus trat aus seinem Aufklärungsasyl heraus; sicherlich mit der Psychologie in stärkerem Bündnis als mit der Soziologie. Er ging mit aggressiver Offensive gegen eine Welt der optimistischen Sprachlosigkeit an, die noch nicht einmal mehr vor lauter Verstörung ihre Werte zusammenzählen konnte. Der Zusammenbruch der bestehenden sozialen und politischen Systeme wurde nunmehr mit einer Sicherheit vorausgesagt, die an die Zwangsläufigkeit eines naturwissenschaftlichen Experiments erinnert.
Die Kategorien der Naturwissenschaft sind eben nicht einfach auf das Feld der Sozial- und Geisteswissenschaften zu übertragen; wenn die unzulässige Verquickung dennoch eintritt – wie es in der modernen Wissenschaftsgeschichte bedauerlicherweise fortwährend geschieht – dann sind es jeweils die Auftritte der ideologischen Büchsenspanner im Ornat des Wissenschaftlers.

[1] Ludwig Feuerbach, a.a.O., S. 72.
[2] Vgl. Lothar Bossle, Raum und Utopie als politische und gesellschaftliche Bindung und Imagination, in: Sorge um das Gleichgewicht, Würzburg 1976, S. 211 ff.
[3] Romano Guardini, Siegmund Freud und die Erkenntnis der menschlichen Wirklichkeit, in: Sorge um den Menschen, Würzburg 1966, S. 74 ff.
[4] Hedwig Conrad-Martius, Utopien der Menschenzüchtung, München 1955, S. 14.
[5] Hedwig Conrad-Martius, a.a.O., S. 22.
[6] Vgl. zum Bolschewismus als politischer Machiavellismus: Lothar Bossle, Die Herausforderung unserer Zeit durch den Sozialismus, in: Soziologie des Sozialismus, Köln 1976, S. 27 ff.
[7] Vgl. Hans Barth, Masse und Mythos, Hamburg/Reinbek. o. J.
[8] Helmut Schelsky, Die Arbeit tun die anderen, Köln, 1975, S. 256.
[9] Friedrich Wagner, Weg und Abweg der Naturwissenschaft, München 1970, S. 66.
[10] Arnold Gehlen, Die Chancen der Intellektuellen in der industriellen Gesellschaft, in: Einblicke, Frankfurt 1975, S. 26.

17.

Der neue Mensch – das genetische Monster

Die Utopie vom neuen Menschen, der vollkommene Eigenschaften besitzt, ist nicht eine Sehnsucht, die aus dem Erlebnis menschlicher Unzulänglichkeit hervorbricht. Der Traum vom Menschsein ohne Beschwernisse ist schon immer in ein religiöses Verständnis einbezogen worden. Und es ist auch durchaus die Gelassenheit des nichtgläubigen Menschen bekannt, der sich dem Verfallsprozeß in der Endzeit irdischen Lebens gegenübersieht – und dabei seine antireligiöse Position nicht preisgibt.

Es sind vielmehr wissenschaftliche Erkenntnissüchte und die Lust an Weltverbesserungskonzeptionen, die sich von dem Modell bestimmen lassen, der Mensch könnte einmal durch ihre Anstrengungen ein genetisch destilliertes Wesen – und Wunder – werden. In der Anwendung wissenschaftlicher Methoden glaubte man an eine Artverbesserung des Menschen – durch Wegnahme körperlicher und geistiger Hemmnisse: das Ideal ist genetisch hergestellte Glückseligkeit.

Die Weltverbesserungskonzeptionen – zuerst in der Gestalt von Utopien und in den Stadien der Verwirklichung als Ideologie – bemühen sich indessen durch Anpassung und Auslese, erreichbar durch Strukturerneuerungen, die genetische Stilisierung des Menschen zu erstreben. Solche Modelle der vollkommenen genetischen Potenz des Menschen bedingen als Folge, daß dem sozialen Geschehen allerdings kein beliebiger Lauf gelassen werden darf, sondern es

muß eine disziplinierende und sanktionierungsentschlossene Strukturordnung vorliegen, die jede Verweigerung der Anpassung und der unterbreiteten Ausleseangebote scharf ahndet.
Der moderne Totalitarismus rechtfertigt sich daher stets mit zwei Zielsetzungen: er will die neue, nie dagewesene Struktur und er will den neuen Menschen. Strukturen des Übergangs müssen dabei helfen, damit der neue Mensch entstehen kann. Und der neue Mensch ist notwendig, um die endgültig neue Gesellschaft zu errichten. Anthropologische Vollendung und strukturelle Totalität sind die zwei Voraussetzungen, die das Streben nach einer vollkommenen Gesellschaft letztlich rechtfertigen.
Im totalitären Streben nach dem vollkommen neuen Menschen steckt zugleich Widerspruch und Brutalität; man setzt den Menschen der scheinbar höchsten anthropologischen Chance aus – und erzwingt ihre Ergreifung durch erbarmungslose Eingriffe in die menschliche Vielfalt. Zwar weiß keine totalitäre Ideologie auszusagen, wie sich der »Endmensch« als Figur der menschlichen Vollkommenheit darstellt. Die nationalsozialistische Idealvorstellung vom Menschen, er solle hart wie Kruppstahl und zäh wie Leder sein, war trotz ihrer plastischen Gegenständlichkeit borniert simpel; ebenso ist aber die Vagheit kommunistischer Endaussagen über die Gestalt des Menschen ins Auge springend, die sich lediglich dank psychologischer Spekulationen über die Möglichkeit zur Strangulierung der menschlichen Bedürfnisse über die Verlegenheit hinaus rettet, einfach nicht darlegen zu können, wie das Bild des Menschen in der kommunistischen Endgesellschaft auszumalen ist[1].
Die Verirrung, die sich auf die genetische Manipulationschance des Menschen heute bezieht, war der vorindustriellen Welt in dieser Willensschärfe fremd. Erlösung durch den Tod, die Gewißheit um die unzulängliche Natur des Menschen, sein Einbezogensein in Gnade und Schuld – das waren die für unverrückbar gehaltenen Richtwerte des

menschlichen Daseins. Mit den emanzipatorischen Theorien und Ideologien des industriellen Zeitalters kam jedoch die Vermessenheit auf, daß der nicht mehr selbstbleibende Mensch auch ein Gegenstand struktureller sozialer Veränderung werden wird. Der Mensch verlor sich im Strudel sozialer Dynamik – bis zur Unkenntlichkeit.

Dabei fing die Preisgabe der anthropologischen Unveräußerlichkeit so harmlos und zugleich verführerisch an. Die sprengende Formel war das Begriffsmuster: es gilt die »Befreiung« des Menschen von allen Zwängen und Bindungen zu erkämpfen. Die Gleichsetzung eines Entwicklungsprozesses von der strukturellen Willensveränderung zur Befreiung vom bisherigen Menschsein war die verzauberndste Befreiungsformel des neuzeitlichen Materialismus. Der Mensch hat fortan die Produktgestaltung seines eigenen Wesens in der Hand; so nun auch ist der folgenreich-verhängnisvolle Satz von Marx zu verstehen: »Indem er (der Mensch) durch diese Bewegung auf die Natur außer ihm wirkt und sie verändert, verändert er zugleich seine eigene Natur.«[2]

Mit der Bereitschaft, den Menschen selbst zur Disposition zu stellen, seine Natur zum lohnenden Eingriffswert für strukturelle Veränderungen werden zu lassen, ist seitdem der Mensch bei den meisten Regelungen des sozialen Zusammenlebens der unterlegene Partner. Zumeist siegt die funktionserleichternde, übergreifende, bürokratische Lösung. Recht einsichtig spricht Henri de Lubac in einer Analyse dieser übergreifenden Umarmungstendenzen gegenüber dem Menschen von der Einführung der »Soziokratie«, einer Form des Zusammenlebens, in der nicht nach dem Menschen, sondern nach dem Prinzip der sozialen Regelung verfahren wird[3].

Nicht nur der Mensch selbst, ebenso die Analyse sozialer Prozesse widerlegen indessen die Utopie einer Gleichzeitigkeit von anthropologischem und sozialem Fortschritt. Schon die noch zulässigere Annahme vom Fortschritt in der Geschichte als einem permanenten Prozeß ist unzutref-

fend, Völker und Gesellschaften geraten eben nach Perioden des dynamischen Voranstürmens in Zustände der Fortschrittsermüdung herein. Aber nochmals wurde die Utopie von der ständigen Veränderbarkeit des Menschen entlarvt. Theodor Haecker sagt so klar, wie differenziert, daß jede wissenschaftliche Anthropologie von der Feststellung auszugehen hat: »die Veränderlichkeit des Menschen ist um eine Ordnung kleiner als seine Unveränderlichkeit«[4].
Was an dieser anthropologischen Grenzsicherung Haeckers imponiert, ist die Vermeidung einer Entweder-Oder-Aussage. Aber mit der Reservierung des größeren Restes, nämlich der personalen Unverfügbarkeit des Menschen, ist der feine Unterschied vermerkt, der eine Bewahrung des Menschseins in seiner unveräußerlichen Gestalt ermöglicht. Nur eine Anthropologie, die ein jeder geschichtlichen und direkten Einwirkung entzogenes Menschenbild vertritt, hat die Aussicht, eine wissenschaftlich garnierte Ausplanung des Menschen bis zum genetischen Monster zu verhindern.
Für unsere Zeit besteht daher ein genügender Anlaß, von den Sozialwissenschaften weder eine Totalplanung der Welt, noch eine genetische Totalvervollkommnung des Menschen zu erwarten; beide ehrgeizigen Ziele liegen außerhalb der Möglichkeit, je verwirklicht zu werden.
Die seit Jahrhunderten zurückliegenden, besonders aber im 19. Jahrhundert in verstärktem Maße auftretenden Versuche, am Menschen genetische oder milieueinwirkende Totalkorrekturen anzubringen, sind allesamt gescheitert. Überprüfbare Vergangenheit als Untersuchungsfeld zur Analyse gesteigerter menschlicher Möglichkeiten zeigt in allen Folgen, welche die Bemühungen zur Schaffung eines neuen Menschen wie utopische Projektionen auf eine vollkommen neue Gesellschaft hinterlassen haben, daß sich solche Absichten, den Himmel auf unsere Erde zu verlagern, wissenschaftlich nicht rechtfertigen lassen.
Es fällt dabei in einem wissenschaftssoziologischen Ver-

gleich stets auf, daß die Erfindung eines späterhin ideologieträchtigen Begriffs zuerst im Gewand wissenschaftlicher Harmlosigkeit auftritt.
Wer vermag sich denn zu erinnern, daß der im Stadium der ideologischen Übersteigerung so verhängnisvolle Begriff der »Rasse« ausgerechnet von dem unverdächtigen Immanuel Kant um 1775 in die Wissenschaft der Anthropologie eingeführt wurde[5]. Wem steht vor Augen, daß Charles Darwin noch Gewissensangst vor den Folgen seiner Lehre besaß. Wenn schon biologische Begriffe, die sich politisch ausmünzen lassen, und sozialwissenschaftliche Differenzierungen in die Hände der ideologischen, bürokratischen und technokratischen Grobschlächtigkeit geraten, ist nicht nur ein Abstieg der Wissenschaft in die pseudowissenschaftliche Popularisierung eingetreten; dann macht sich auch jeweils der Mißbrauch denaturierter Wissenschaft als profanisierter Glaubensersatz bemerkbar.
Und alle verkürzten anthropologischen Erwartungen fließen dann in die Annahme hinein, durch genetische oder strukturelle Manipulationen den Menschen in eine irdische Vollkommenheit hineinzuheben, die in jedem religiösen Glauben nicht dieser Welt vorbehalten bleibt.
Dabei wird die Erfüllungsstunde, die in der Vollendung erreicht wird, aber auch in eine »metaphysische Zeitlosigkeit« hineingeschoben. Im Falle einer Erwartung der Vollendung im Zustand der vollkommenen Gesellschaft, wie es im Marxismus-Leninismus geschieht, erfolgt die Vertröstung durch die Ankündigung, daß alle feindlichen Systeme zuerst vernichtet werden müßten. Und in der Utopie der genetischen Vollendbarkeit wird die Hoffnung vorgegeben, daß die Wissenschaft bald soweit sein wird.
In beiden anthropologischen Utopien unterbleibt die Frage, wie denn im Vollkommenheitsfalle der Mensch aussehen soll. Sind denn durch Gen-Manipulationen oder sozialstrukturelle Korrekturen am Menschen etwa Tugenden oder innere Disziplinierungen – Dienste – zu erzeugen, die den

vollkommenen Menschen zu einem völlig angepaßten Wesen in einer vollkommenen Gesellschaft werden lassen? Sieht man einmal ab von der Unergiebigkeit genmanipulativer Versuche, so verbleibt aber immer noch die besorgte Frage, ob man sich nicht genetische Monster schafft, die alle bisherigen Erfahrungen der Verhaltens- und Lebensforschung zunichte machen. Unwillkürlich muß die Erinnerung an George Orwells gespenstige Welt in seinem utopischen Roman »1984« aufschrecken, wenn einmal soziologische Fragen nach dem Aussehen gengesteuerter Menschen in einer totalstrukturierten Welt gestellt werden.
Begriffe, die zumindest über europäisches Menschsein bislang bestimmten, wie Freiheit, Würde, Gnade, Schuld, Wert und Sinn, Verantwortung, hätten doch in einem solchen gengesteuerten Totalgefüge der Gesellschaft keinen Platz mehr. Wer wäre aber schließlich für die Dosierung der mehreren Menschen zugewiesenen Genmanipulationen verantwortlich? Welche Anklage könnte von einem Menschen gegen einen Gen-Manipulator erhoben werden, der eine schlechte Eigenschaftsmischung verursacht hat?
Und ist das Bild einer menschenwürdigen Gesellschaft noch ausdenkbar, in der Berufseignung, Hobbies, Partnerwahl, sozialer Standard in die Hände einer anonymen technologischen Elite gelegt wird, der die Verteilung der Gene des Menschen zugefallen ist.
Die gegenwärtige Lage der Menschheit, in der die Dynamik des europäisch-atlantischen Industrialisierungsprozesses an die Grenzen stößt, die Technologie den Möglichkeiten des Menschen vorauseilte, sollte zur Erkenntnis genützt werden, daß innerhalb des Problemgefüges der Welt die Situation des Menschen noch erheblich verbessert werden kann.
Aber einen problemlosen und dennoch vollkommenen Menschen zu züchten, der Voraussetzung für eine vollkommene Gesellschaft sein könnte, liegt nicht in den Möglichkeiten menschlicher Bildsamkeit[6].
Das genetische Monster wäre kein Mensch mehr. Verbleibt

man jedoch unterhalb der unrealistischen Vollziehbarkeit anthropologischer Vollendung, so können eine Reihe von Möglichkeiten des wissenschaftlichen Fortschritts aufgewiesen werden, die Position des Menschen im Geflecht seiner sozialen Beziehungen zu verbessern.

Es gehört fast zur geläufigen Erkenntnis, daß der Mensch durch den Eintritt in eine industriegesellschaftliche Daseinsweise Gestaltungsmöglichkeiten im Ablauf seines Lebens erheblich steigern konnte. Dieser Mutationsvorgang in eine neue Qualität des Lebens ist von Philosophen wie Karl Jaspers und Soziologen wie Hans Freyer und Richard F. Behrendt völlig einsichtig beschrieben worden.

Ohne Aufgabe seines ureigensten Menschseins kann der Mensch je nach den Anforderungen, die eine Zeit an ihn stellt, unter Verwendung der Mittel und Methoden, die eine epochale Umwelt zur Verfügung stellt, seinen Handlungsrahmen erweitern. Adolf Portmann hat es beispielsweise als eine Aufgabe moderner Lebensforschung bezeichnet, welche Wirkungen in der technisierten Welt das »gesteigerte Hantieren mit der Zeit für den Menschen hat«[7].

Die hierdurch erfolgte Einspannung des Menschen in eine technisierte Umwelt sieht Richard F. Behrendt in einem Verhältnis der Ungleichheit- und Ungleichzeitigkeit, was die Beherrschung von vier Kulturbereichen der modernen Gesellschaft anbetrifft. Während er davon ausgeht, daß die Bemeisterung des explorativen Daseinsbereichs, »der dem Menschen zur Ergründung und zum Verständnis seiner Umwelt dient«, und des instrumentalen oder technischen Seinsbegriffs, in dem er seine »Handlungsspiele« verwirklichen kann, eigentlich gelungen ist, bereitet die Bewältigung der gesellschaftspolitischen Gestaltungssphäre, in der es »um die Verteilung von Geltung, Autorität, Macht, Besitz und Einkommen« geht, und die symbolische Seins- und Sinnebene, auf der sich die Vorstellungen über das Ziel des menschlichen Lebens und die Wertordnungen für das soziale Zusammenleben entwickeln, offensichtlich Schwierigkeiten, die seit der Existenz der industriellen Gesellschaft nicht selten zu dramatischen und katastrophalen Ausbrüchen geführt haben[8]. Auch vermag durch die Verbesserung medizinischer Hilfen, durch biochemische Einflüsse auf dem Nahrungs- und Gesundheitssektor das Leben des Menschen erheblich erleichtert werden. Der Mensch als »das Ergebnis einer langen Entwicklung«[9] mag an Gestalt größer, noch älter als nach der gegenwärtigen Lebenserwartung werden; den Stationen der Geburt und des Todes wird er dennoch nicht entgehen. Ihm fällt es jedoch als Aufgabe des Lebens zu, in einer komplizierter gewordenen Welt seinen Standort zu finden.

[1] Vgl. zur Ungenauigkeit kommunistischer Anthropologie: Klaus Mehnert, Der Sowjetmensch, Stuttgart 1958; Hans Friedrich Steiner, Marxisten-Leninisten über den Sinn des Lebens, Essen 1970.
[2] Karl Marx, Das Kapital, Bd. 1, Frankfurt 1967, S. 192.
[3] Henri de Lubac, die Tragödie des Humanismus ohne Gott, Salzburg 1949, S .201 ff.
[4] Theodor Haecker, Was ist der Mensch? München 1949, S. 12.
[5] Hans Nachtsheim, Biologie im totalitären System, in: Wissenschaft im totalen Staat, hrsg. von Walther Hofer, München 1964, S. 148.
[6] Vgl. Lothar Bossle, Der neue Mensch in einer neuen Gesellschaft, – Eschatologie oder anthropologischer Irrationalismus, in: Utopie der Befreiung, Aschaffenburg 1976, S. 86 ff.
[7] Adolf Portmann, Die Ordnungen des Lebendigen, in: Eranos-Jahrbuch 1961, Zürich 1962, S. 307.
[8] Richard F. Behrendt, Das Individuum im technischen Zeitalter, Zürich, 1973.
[9] Pierre Bertaux, Mutation der Menschheit, München 1971, S. 8.

18.

Die Integration des Menschen in die Harmonie von Wohnung, Arbeit und Landschaft

Überhaupt an die Möglichkeit zu glauben, daß eine Integration des heutigen Menschen in einer harmonisierten Verflechtung mit seiner Wohnung, seiner Arbeit und seiner Landschaft, in der er lebt, noch zustande kommen kann, weckt durchaus Erinnerungen an die waghalsigen Höhengänge utopischer Weltverschönerung.

Zwar entstand zu Beginn des industriellen Zeitalters der Fortschrittsglaube des Frühliberalismus, nach dem sich durch fortschreitenden Wohlstand letztlich einmal alle Stromlinien des Lebens und der Welt im Fluß einer ungebrochenen Harmonie begegnen. Es bedarf nur einmal eines Einblicks in die Programme sozialer und politischer Utopien, in die Science-fiction-Romane Jules Vernes und Hans Dominiks, in den uns heute banal anmutenden Geschichtsoptimismus der materialistischen Philosophie des 19. Jahrhunderts, in die futurologisch garnierte Romantik bei den Sozialisten unserer Tage – um die menschheitliche, oder eingegrenzter gesagt – die europäische Aufbruchsstimmung zu erahnen, die nach dem Abschied von einem metaphysischen Weltverständnis einen säkularisierten Fortschrittsglauben beflügelt hat.

Die Erlösbarkeit der Welt und des Menschen von allen Problemen – das war – und ist zuweilen noch – die Glaubensannahme des industriegesellschaftlich geprägten Menschen bis heute geblieben. Nicht nur Kirchengut wurde säkularisiert; auch der Gedanke der Erlösung wurde profanisiert.

Die moderne Industriegesellschaft, wie sie in europäischen, atlantischen und japanischen Ausformungen bisher entstand, sozialisierte und funktionalisierte sicherlich eine Reihe von plagenden Problemen weg; aber sie war zugleich selbst wiederum ein eifriger Problem-Produzent.
Die problemanfüllende Reproduktionskraft der industriellen Gesellschaft blieb auch sorgfältigen Analytikern unseres Zeitalters von vornherein nicht verborgen. Schließlich hatte die Aufhebung der mittelalterlichen Ständegesellschaft durch die Entlassung des gesellschaftlichen Prozesses in die Pluralität dazu hingeführt, daß ein einsichtiger, sinnhafter und allseits anerkannter Stufenbau der industriellen Gesellschaft nicht mehr möglich gewesen ist. Das sei keineswegs bedauert – die industrielle Dynamik hat immerhin Europa zum vorbildlichsten Beispiel für die Gestaltungsmöglichkeiten des Menschen in dieser Welt werden lassen.
Aber ebensowenig ist ein Zweifel an der Feststellung erlaubt: die Fülle der industriellen Zutaten zur Bereicherung unseres Lebens führte nicht zu einem ganzheitlichen Kosmos; nicht zu einer Harmonie organischer Gesellschaftskörper – und schon gar nicht in die harmonisierte Einbettung des Menschen in eine Einheit zwischen Wohnung, Arbeit und Landschaft.
Stattdessen ist die industrielle Ausdehnung und Verdichtung zu einem Drama der Aufteilung in auseinanderstrebende Lebenswelten geworden. Obgleich uns der Eintritt in das planetarische Zeitalter scheinbar erstmalige kosmische Dimensionen eröffnete, spaltete sich die Welt im kleinen immer mehr auf, doch bis zu einem Punkt heutiger Verwirrung, bei dem des modernen Menschen Wirklichkeitserkenntnisse nur noch Erfahrungen aus zweiter Hand sind, wie Arnold Gehlens bittere Klage gegen die theoretische Intellektualisierung der Gegenwart lautet[1].
Die Flucht in die Theorie war ohnehin das wissenschaftsmethodische Verschleierungsmittel, um sich vor dem Eingeständnis drücken zu können, daß dem Dilemma und der

Problematik der industriellen Gesellschaft nicht mit einer Einheitsformel begegnet werden kann.

Das war aber die nunmehr sich ausbreitende wissenschaftliche Vermessenheit, die Jacob Burckhardt schon den fürchterlichen Vereinfachern seines Jahrhunderts vorwarf: die Vielfalt der Weltproblematik aus einem einzigen springenden Punkt erklären zu wollen. Es waren gleichsam heilstragende Rettungsanker in der Unergründlichkeit modernen Daseins: Auguste Comtes kühnes Wort, moderne Gesellschaftslehre wäre »soziale Physik«; Marxens simple Schlüsselerkenntnis, Geschichte sei das Walten und Schalten von Produktivkräften; Darwins Vorstellung von der Verbesserung der Art des Menschen durch genetische Korrekturen.

Aus diesen vereinfachten Erklärungen der Welt entstanden im Zustand ihrer Verwirklichung ganz schlimme Ideologien, die das unerwartete Phänomen des modernen Totalitarismus erstmals ermöglichten. Aber auch in der nichttotalitären Welt unserer Tage feiern die Vereinfachungsfetischisten fortwährende Triumphe. Nicht unberechtigt, aber dennoch umsonst, hat Fr. A. v. Hayek seinem in der englischen Emigration während des Zweiten Weltkrieges geschriebenen Buch: »Der Weg zur Knechtschaft« die Widmung vorangestellt: Den Sozialisten in allen Parteien gewidmet[2].

Und so ist es doch hier – und dortzulande in der Tat: ein Problem drängt sich vor – oder wird medienstrategisch zur Entscheidungsreife vorgedrängt – zu seiner Behebung erfindet man eine Struktur, die eine funktionelle Regelung sicherstellen soll – zumindest jedoch verspricht. Die legislativ eingemauerte Struktur soll auch den Menschen entlasten – steigert aber am Ende nur seine Ohnmacht. Wer den Tanz der Strukturfetischisten nicht mittut, zeigt indes nur, daß er von gestern ist. Da man sich das Gewand der Unmodernität aber nicht umhängen lassen will, begibt man sich lieber auf die Rollbahn krisenhafter Entscheidungen – und drückt vor den Folgen und dem Ende die Augen zu.

Jeder von uns mag eine Reihe von Gesetzen und Strukturveränderungen nennen, die nicht aus Einsicht in die Richtigkeit und Notwendigkeit, sondern aus Einsicht in die provozierte Unabänderlichkeit und Unausbleiblichkeit entstanden sind.

So hart es auch treffen mag: Politik und Wissenschaft haben den Menschen unserer Zeit eine Reihe von erregenden und hektischen Hilfsangeboten zur Bemeisterung des modernen Daseins unterbreitet, aber die meisten dieser Programme haben mittlerweile ihre Untauglichkeit hervorgekehrt.

Die tiefste Ursache für die praktische Unverwendbarkeit neuzeitlicher Heilprogramme scheint nun in folgendem Widerspruch zu liegen: man bietet seit der Aufklärung dem Menschen als Weg zur persönlichen Mündigkeit die alpine Höhenfreiheit der Emanzipation an. Indem jedoch der Begriff der Emanzipation ein Bündnis mit dem Planungs- und Fortschrittsgedanken einging, glaubt man dem Menschen in seinem emanzipatorischen Bemühen stets Strukturhilfe mit auf den Weg geben zu müssen. Hierdurch entsteht jedoch der gefährliche Zusammenprall zwischen anthropologisch begründeter Freiheit und innerlich nicht bejahtem strukturellem Zwang. Der Protest, insbesondere aber die jugendliche Rebellion, in einer total strukturierten, verplanten, verwalteten Welt, ist der unausbleibliche Aufstand anthropologischer Unveräußerlichkeit. Der Prozeß der Emanzipation führt eben nicht im qualitativ gesteigerten Individualismus, sondern erzeugt – ohne Vorwarnung und gegen theoretischen Optimismus – kollektivistische Gebilde.

Und dem gleichem Verständnis muß die jetzt immer mehr sich ausbreitende Bürokratiedebatte begegnen: der Aufstand der Menschen gegen eine Überziehung durch Funktional- und Gebietsreformen, durch Hochschulreformen und durch Organisationsfaszination der Gesamtschule als Erziehungsersatz.

Die Verwaltungen vermehren sich und die Bürgernähe, die

dadurch erzielt werden soll, bleibt ein Legitimierungsphantom.
Emanzipation des Menschen – mit Strukturhilfe als Fremdeinfluß – ist indessen verkürzte Anthropologie. Wenn man jedoch glaubt, dem Menschen wirklich helfen zu können, indem er in die Disposition struktureller Veränderungen gestellt wird, ist man selbst ein Opfer oberflächlicher Einsichten in das Wesen des Menschen geworden. In den Nachtstunden Deutschlands, als Hitler herrschte, hat einer der tiefsten Denker unserer Zeit, Theodor Haecker, in seinem Buch: »Was ist der Mensch?« über ihn in unverzichtbarer Wahrung seiner Würde geschrieben: »das Höhere kann das Niedere erklären, niemals das Niedere das Höhere«[3].
Es gibt deswegen die anthropologische Unverzichtbarkeit: die Struktur kann den Menschen nicht bestimmen, da der Mensch doch nicht der Sklave einer Struktur werden darf. Nicht die Strukturumstülpung mit emanzipatorischem Glorienschein, in dem sich die Planifikateure und Regisseure der modernen Welt sonnen, darf deshalb das Schicksal des Menschen in unserer Zeit noch länger sein.
Der Nachvollzug der Emanzipations-Idee in einer Welt der Strukturtatsachen ruft zwangsläufiger- und nicht überraschenderweise schrille Mißklänge hervor. Diesen Dissonanzen durch Ilusionen gesellen sich die Schwierigkeiten hinzu, die sich für den Menschen ergeben, wenn er die nebeneinanderliegenden Gesellschafts- und Tatsachentrümmer zu einem Kosmos in seinem Verständnis zusammenfügen will.
Früher, in der agrarischen Gesellschaft, waren Wohnung, Arbeit und Landschaft allein schon eine täglich erfaßbare räumliche Einheit. In der industriellen Gesellschaft wurden aus dieser Einheit unterschiedliche Elemente. Zahlreicher auch wurden zudem die Abstufungen unserer Werte – und jedes Element erhielt viele Teile, die jede Ebene unseres Seins wiederum komplizieren.
Vervielfältigungen, Verdichtungen und Komplizierungen – das sind die Klippen in den Filigranstrukturen unseres Da-

seins. Doch nicht nur die Schaffung einer industriellen Zusatzwelt erhöhte die Aggregatdichte unseres Seins; der Mensch mechanisierte die Gesamtwelt, indem er selbst die Natur organisierte, wie Eugen Rosenstock-Huessy in seinem Buch »Der unbezahlbare Mensch« bemerkte[4].
Indem man die Natur in eine Strukturumarmung hineinzwängte, entstand dennoch keine technologische oder visuelle Harmonie. Im Gegenteil – zur Bewahrung der personalen Unversehrtheit des Menschen ist vielmehr die Respektierung der unvergleichbaren Unterschiedlichkeit in den Segmentbereichen der Welt eine ständige Aufgabe für eine differenzierende menschliche Bewußtseinsbildung. Das emanzipatorische Bedürfnis ist hingegen eine Flucht, um sich der Vielfältigkeit der Welt zu entziehen. Das geschieht durch eine utopische Konstruktion, gleich, ob als einzelne Lebensschaffung oder als modische Theorie auftretend.
Dabei steht der Mensch seit seiner Hineinstellung in eine Welt der industriegesellschaftlichen Vielfalt vor der Aufgabe, eine Integration verschiedenartiger Daseinsbereiche in seinem Bewußtsein zu vollziehen. Insofern ist die Integration eine realistischere Lebensleistung als die Verfolgung der Idee der Emanzipation, an deren Ende die Enttäuschung und Hoffnungslosigkeit steht.
Obgleich daher Wohnung, Arbeit und Landschaft für den Menschen auseinanderliegende Teile einer Gesamtwelt darstellen, muß er in seinem Denken und Fühlen den Versuch einer Integration vornehmen. Er darf sich bei diesen Bemühungen, zu deren Erfolg die Lebenserfahrung viel helfen kann, nicht der Illusion hingeben, daß am Ende doch ein Bild der Harmonie aller Beziehungen und Ebenen steht.
Erschwert wird diese integrative Anstrengung des Bewußtseins sicherlich durch verschuldete Dissonanzen, die als Folgen oberflächlicher Analysen und von Vorurteilen entstehen; nicht zuletzt aber auch durch die Parzellierung unseres Wert- und Weltbildes, unseres Geschmacks und unseres Stilempfindens.

Aufgebaute Theorien und Vorurteile zur Erklärung der Welt sind eben so denkerleichternd; daher gewinnen sie auch immer wieder einen Nachfragewert – bis in okkultische und drogensüchtige Beglückungserwartungen hinein. Wenn beispielsweise zwischen der Freizeit- und Arbeitswelt ein unüberbrückbarer Gegensatz konstruiert wird, ist eine Bewußtseinsintegration zwischen Wohnen und Arbeit als Bedeutungselemente im Leben eines Menschen nicht mehr herbeizuführen. Arbeit ohne Freizeit ist eindeutig eine Verkümmerung des Daseins, selbst wenn dies der schuftende Mensch angesichts spät eingetretener Einsicht erst am Abend seines Lebens merken sollte. Und Freizeit ohne Arbeit ist Daseinsverdruß, ein Gefühl der Sinnleere des Daseins, das sich zumeist recht schnell einstellt[5]. Aber auch die Angabe des Stellenwertes, den Arbeit oder Freizeit im Leben eines Menschen einnehmen, ist höchst unterschiedlich. Auf gleiche Freizeitangebote reagieren Menschen unterschiedlich, da ihre Wünsche und Neigungen nicht gleichartig sind. Und ebenso verhält es sich mit der Beurteilung der Arbeit durch Menschen, die eine gleiche Tätigkeit ausüben. Da sagt ein Arbeiter: Die Arbeit, die ich verrichte, gefällt mir durchaus – aber die Vorgesetzten. Während ein anderer Arbeiter sagen kann: Jede manuelle Tätigkeit behagt mir nicht, sie dient nur dem Broterwerb und gewährt keine Erfüllung[6]. Die Freuden des Menschen sind Reflexe seiner Neigungen und Interessen; sein Glücksgefühl, seine schlechte Gelauntheit, seine Unzufriedenheit und seine Sinnerfüllung sind weder staatlich verteilbar noch sozial regulierbar.

In vorindustriellen Zeiten blieben jedoch die Daseinsverdrossenheiten der Menschen unterhalb der Schwelle der Registrierbarkeit. Nicht nur, nachdem es heutzutage eine Strategie der Wunscherzeugung nach Ernest Dichter gibt; gleiche Eindringlichkeit in der Formung menschlichen Bewußtseins besitzt die Pflege eines Unbehagens an unserer Kultur, allein nach Siegmund Freud aus der Nichterfüllbarkeit des dem menschlichen Trieb innewohnenden Lustprinzips hervorgehend[7].

Gerechterweise muß jedoch die vorindustrielle Möglichkeit hervorgehoben werden, durch eine Naturphilosophie oder Theologie die Gesamtheit der Welt in ein wissenschaftliches und religiöses Verständnis hineinzuführen. Industriegesellschaftlich hervordrängende Fragestellungen brauchten vordem kein Gegenstand philosophischer oder theologischer Erörterung zu sein. Mit dem Anbruch des industriellen Zeitalters kamen aber nicht nur scheinbar neu entstandene Daseinsseiten hinzu, die einer wissenschaftlichen Aufblätterung harrten. Sofort machte sich die Neigung bemerkbar, alte Welterklärungen für überflüssig zu erachten – und neue Einsichten als letzten Erkenntnisschrei zum Perpetuum mobile einer intellektualisierten Unterhaltungsindustrie werden zu lassen. So erklärt René Voillaume den jugendtypischen Glaubensverlust des später heiligmäßigen Charles de Foucauld mit der lapidaren Feststellung: »Es war eben das Jahrhundert des Rationalismus«[8].

Doch nicht nur die private und die industrielle Daseinswelt geraten durch Verselbständigung und kategoriale Übertragungen in ein Verhältnis der Disharmonie. Auch die harmonisierende Einheitswelt des Wohnens, des Stilempfindens, der Lebenskunst, bricht auseinander. Für Lucius Burkhardt erfolgte im 18. Jahrhundert die Auflösung objektiver Kunstkriterien bis »zur Auflösung soziologisch lokalisierbarer Gruppen von Künstlern und Kunstanhängern in unserem Jahrhundert«[9].

Dieser Einbruch in die frühere Welt der Harmonie von Kunst und Leben wurde nicht zuletzt durch die Invasion einer industriellen Kategorie in den Binnenraum der künstlerischen Inspiration verursacht; das Prinzip der Zweckmäßigkeit ersetzte die Ästhetik. Mit dem Verzicht, in der Schönheit noch ein Abbild der Wirklichkeit zu sehen, war auch der Abschied von der Form und der Gestalt als harmonisierendes Leitbild verbunden. Seitdem können Blechbeulen und Drahtverbiegungen staatlich dotierte Kunstergüsse sein.

Noch disharmonisierender als die Kunst ragt die Architektur in unsere Landschaft hinein. Es wird wohl kommenden Generationen ein Anlaß zur Verwunderung sein, weshalb gerade unsere Zeit mit ihren immensen materiellen Möglichkeiten sich zu einer architektonischen Technologie der Funktionsbetonung entschlossen hat. Was frühere Zeiten zuwege brachten, nämlich eine landschaftsharmonisierende Architektur, ist in unserer Gegenwart mißlungen. Diese Feststellung gewinnt zunehmender Gewicht, nachdem es sich bei der Disharmonie von Kunst, Architektur und Landschaft nicht nur um eine zwangsläufige Tendenz handelt, während die geographische und mentale Trennung zwischen Wohnung und Arbeit ein disharmonisierendes Ergebnis darstellt, das sich einfach mit der Entwicklung der industriellen Gesellschaft ergab, hätte die Dissonanz zwischen Mensch und Landschaft durch die architektonische Funktionsversessenheit unserer Tage nicht aufzukommen brauchen.

Dabei ist einzuräumen, daß der Verlust der ästhetischen Gestalthaftigkeit nicht der Ausfluß einer destruktiven Absicht gewesen ist. Elemente der industriellen Arbeitswelt in das künstlerische Schaffen einzubeziehen, entspricht ja durchaus dem Auftrag der Kunst – wie der Wissenschaft, die ganze Wirklichkeit zu umgreifen. Die Verletzung der Wirklichkeit entstand jedoch mit der Übertragung von der Kategorie funktionaler Zweckmäßigkeit in die Kriterien der Kunst und der Architektur.

Die hierdurch entstandene Verworrenheit für die Menschen, die Ebenen des Seins noch auseinanderhalten zu können, spiegelt sich am ehesten in den desintegrierten Reflexen menschlicher Gefühle wider. Nicht nur in dem extremen Fall, daß in dem Charakterbild von Eichmann und Rudolf Höß, dem KZ-Kommandanten, die Züge der Grausamkeit und der Sentimentalität gleichermaßen zu finden sind. Erschreckend ist schon, daß Menschen nicht mehr fähig sind, verschiedene Dinge der Welt zu einem Mosaik der Harmonie zusammenlegen zu können. Reinhold Schneider beschrieb einmal sein Entsetzen, das ihn während eines Spaziergangs mit einem Pionieroffizier des Ersten Weltkrieges packte: im Anblick einer in die Landschaft wundervoll eingefügten Brücke fragte sein Begleiter nur, wie in Anwendung seiner Pioniererfahrung die Brücke am besten in die Luft zu sprengen sei.

Aus solcher destruktiven Detailversessenheit, zumindest an einem kleinen Strang des Geschehens ziehen zu können, erwächst indessen keine Integrationsfähigkeit. Harmonisieren und Integrieren auseinanderliegender Teile setzt die Anerkennung einer empfindlichen Wirklichkeit voraus. Neben einem inneren Bejahen der Natur darf dabei die Zustimmung zu einer Industriekultur nicht notgedrungen, sondern muß ebenfalls innerlich bejaht sein.

Dem Menschen die Wege zur Integration auseinanderliegender Bestandteile unseres Lebens aufzuweisen, ist eine äußerst schwierige Aufgabe moderner Erziehung. Emanzipatorische Erwartungsweckungen können hektische pädagogische Akte sein, Erziehung zur Integration hingegen verlangt die Geduld, die Gelassenheit und die Erfahrung – bei Lehrern wie bei Schülern. Erziehung zur Integration kann sich auch nie auf die Schule beschränken, sondern reicht allein schon wegen der Bedeutung der Erfahrungsgewinnung in den Wirkungsbereich der Erwachsenenbildung hinein.

Und wenn auch im Erfolgsgang solcher Erziehung die eigene Position von einer Klarheit in der Deutung der Weltzusammenhänge gekennzeichnet ist, muß das Gefühl bleiben, daß Krisen, Katastrophen, Spannungen, außergewöhnliche Bedrohungen zu den immer wiederkehrenden Mächten in dieser Welt zählen. Es gibt weder ein Mittel der Erziehung noch der politischen Gestaltung, das helfen könnte, auch bei einer personalen Integration des Weltzusammenhangs eine strukturelle Integration herbeizuführen, bei der die Harmonie aller Lebensbereiche als ein historischer und sozialer Dauerzustand angesehen werden könnte.

[1] Arnold Gehlen, Erfahrung aus zweiter Hand, in: Der Mensch als geschichtliches Wesen, Stuttgart 1974, S. 180.
[2] F. A. von Hayek, Der Weg zur Knechtschaft, 3. unveränderte Aufl., München 1976.
[3] Theodor Haecker, Was ist der Mensch? München 1949, 6. Aufl., S. 11.
[4] Eugen Rosenstock-Huessey, Der unbezahlbare Mensch, Berlin 1955, S. 19.
[5] Vgl. Lothar Bossle, Leistung und Freizeit in der industriellen Gesellschaft, in: Stichwort Freizeit, hrsg. von Hans-Georg Pust und Friedrich-Wilhelm Schaper, Festschrift für Franz Meyers, Düsseldorf 1978, S. 67 ff.
[6] Vgl. zur Verschiedenheit in der Wertbeurteilung der Arbeit: Hendrik de Man, Der Kampf um die Arbeitsfreude, Jena 1927; der belgische Sozialwissenschaftler vermittelt darin eine »Untersuchung aufgrund der Aussagen von 78 Industriearbeitern und Angestellten in den 20er Jahren.
[7] Vgl. Ernest Dichter: Strategie im Reich der Wünsche, München 1964.
[8] René Voillaume, Mitten in der Welt, Charles de Foucauld und seine kleinen Brüder, Freiburg 1960, S. 11.
[9] Lucius Burkhardt, Die Wohnkultur als Gegenstand der Soziologie, in: Der Monat, April 1960, S. 32.

19.
Rückkehr zu einer Soziologie als Maß und Erfahrung

Die Wirkungsgeschichte der modernen Wissenschaften zeigt ein zwiespältiges, ja verworrenes Bild. Große Erfolge haben sich zwar in unübersehbarer Weise auf dem Feld der Naturwissenschaften und der angewandten Technologie eingestellt. Unklar ist jedoch die Rolle, die den Geistes- und Sozialwissenschaften in den Gestaltungsmöglichkeiten der Gegenwart zukommt; es ist unabweisbar, daß die Sozialwissenschaften nicht in Anspruch nehmen können, unser Zeitalter richtig interpretiert zu haben; die wissenschaftlich legitimierten Irrtümer über den wirklichen Verlauf der neuzeitlichen Geschichte sind zu zahlreich.
Vor allem die erregend vorgetragenen optimistischen wie pessimistischen Diagnosen haben sich als unzutreffend erwiesen. Allein das 20. Jahrhundert hat schon in seinem bisherigen Ablauf so viele Überraschungen gebracht, die wissenschaftlich nicht prognostiziert waren – und es hat Unglücksfälle und Verhängnisse gegeben, die im wissenschaftlichen Bewußtsein unserer Zeit überhaupt nicht vorgesehen waren.
Für die Kennzeichnung der Bedeutung, die den Wissenschaften in der Bemeisterung des modernen Daseins zufällt, ist dennoch die Einschätzung der Wissenschaftlichkeit als Glaubenslehre, die zu einem besseren Leben führen kann, von einer erheblichen Wirkungskraft. Da dem Weltgeschehen die Chance der permanenten rationalen Durchdringung aller Lebensbereiche nicht zufallen konnte – denn rationa-

le Zergliederung ergibt niemals die Wiedergabe eines Gesamtbildes – stand man wohl stets vor der Notwendigkeit, Mythen, Utopien und Ideologien wissenschaftlich zu systematisieren. Die Sozialwissenschaften insbesondere wurden mißbraucht, indem man ihnen säkularisierte Heilbringerfunktionen zuwies[1].

Diese überhöhte und zugleich mißbräuchliche Inanspruchnahme der Sozialwissenschaften führte leider dazu, daß mancher Soziologe, Politologe und Psychologe der Versuchung erlag, sich als »Sozialingenieur« zu verstehen. Neuerdings neigt man sogar zur höchsten Denaturierung, indem man den Hütern der Rechtsordnung, den Juristen, die Rolle der gesellschaftsverändernden Sozialingenieure zuweisen möchte.

In diesem Rollenverständnis der Sozialwissenschaften, die Gesellschaft zu gestalten und zu verändern, statt sich mit der wissenschaftsoriginären Aufgabe der Diagnose und der Therapie zu begnügen, trat ein Verständnis des historischen und sozialen Prozesses hervor, das in einseitiger Weise hierunter nur den Wandel, die Veränderung, auch in Form der Revolution, begreifen will. In seinem durchaus provokativen wie kenntnisreichen Buch »Die Hexenmeister der Sozialwissenschaften« bemerkt Stanislaw Andreski, daß die »soziologischen Systemtheoretiker« unserer Zeit selbst den »belanglosesten Schritten« der Geschichte »das Etikett Revolution anheften, zuweilen sogar den Rückschritten«[2].

Der Darbietung des Sozialwissenschaftlers zum Zwecke des verfremdenden ideologischen Mißbrauchs gesellte sich die Neigung des Politikers und des intellektuellen Ideologen hinzu, seinen politischen und gesellschaftlichen Absichten mit der Umlegung des Mantels der Wissenschaftlichkeit die höhere Weihe der moralischen und erkenntniskritischen Rechtfertigung zu verleihen. Dieser Mißbrauch der Wissenschaften liegt in totalitären Staaten sicherlich am erheblichsten vor; vor allem aber ideologisierte Gruppierungen in einem Parteienstaat sind nicht frei von einem Drang zur pseudowissenschaftlichen Selbstrechtfertigung. Vornehmlich

die Erniedrigung der wissenschaftlichen Methode, lediglich noch vor der Aufgabe der bloßen Funktionsbeschreibung von Zusammenhängen und Vorgängen stehen zu sollen, erzeugt die Vorstellung, daß die Wissenschaft ein Dienstleistungsinstrument der Politik zu sein hat.
Aus einer Überhöhung der Rolle der Sozialwissenschaften und ihrem politischen Mißbrauch entstand aber nirgendwo eine wissenschaftliche Gesamtwelt, sondern ein Schutthaufen wissenschaftlicher Irrtümer und Fehldeutungen – entstand, was Werner Ziegenfuß in seiner Kritik an dem wissenschaftlichen Ansatz bei Karl Marx schon sagte, eine »negative Soziologie«[3].
Dieser negativen Soziologie begegnet nicht nur der Vorwurf, daß sie in ihren Prognosen fortwährend Fehlwege beschritt, vielmehr hat sich ihr Gesamtentwurf des geschichtlichen Ablaufs als falsch erwiesen. Es ist eben keine geschichtssoziologische Gesetzmäßigkeit, wenn man annimmt, daß der Fortschritt in der Geschichte gesichert wird durch einen revolutionären und radikalen Abbau bisheriger gesellschaftlicher Substanz. Die Rettung der Freiheiten in den europäischen bürgerlichen Gesellschaften ist deshalb auch nicht durch die Ausrufung und Durchsetzung des Sozialismus möglich. Sozialistische Durchdringungen einer Gesellschaft führen nirgends zu Höhepunktentwicklungen freiheitlicher und pluralistischer Gesellschaften, sondern verursachen sozialstrukturelle und kulturelle Rückgangsbewegungen.
Was durch die Infragestellung bisheriger gesellschaftlicher und kultureller Bestände herbeigeführt wird, ist doch eigentlich nur die Verleitung zu Sub- und alternativen Kulturen, nicht die Höherentwicklung einer bestehenden Kultur.
Die sozialistischen Subkulturen, die sich im 19. Jahrhundert zur Profilierung eines proletarischen Bewußtseins besonders in Deutschland und Österreich entwickelten, wiesen noch die Sehnsucht nach einem naturnahen und normalen Leben auf. Die alternativen Kulturen, wie sie gegenwärtig hervor-

treten, beruhen hingegen auf dem Wunsch nach einem exemplarisch abnormen Leben. Sie erstreben die Verwirklichung einer über die Arbeiterklasse hinausgehenden, alle Menschen umgreifenden Wunschtheorie. Einer der Theoretiker der alternativen Kulturbewegung, Felix Guattari, formuliert die bombastische Vermessenheit in dem Durchsetzungswillen einer falschen Geschichtstheorie: »Dem Wunsch eine revolutionäre Stellung einräumen heißt, ihn zum Hauptkonstituenten der revolutionären Maschine zu machen, bedeutet demnach auch, die Theorie und Organisation nach ihm auszurichten«[4].

Ein solcher Zusammenklang von Theorie und Organisation, dann ausgewiesen als historisch endlich geglückter Versuch, das Denken mit dem Handeln zur Gestaltung der Wirklichkeit zu verbinden, hat weder in der wissenschaftlichen Diskussion noch in der industriellen Leistungsgesellschaft bisher zu Übereinstimmungen geführt. Diese Sucht, selbst den Unsinn und die Sinnlosigkeit mit dem Schein des theoretischen Höhenflugs zu umhüllen, hat, wie Norbert Elias bedauert, selbst den Alltag des Menschen mit dem »Gewicht theoretischer Reflexionen« befrachtet[5].

Sicherlich wird Wissenschaft undenkbar, wenn sie unter einem Diktat des Theorienverzichts stehen würde. Empirischer Datenfanatismus ist für die Ausgewogenheit der wissenschaftlichen Methodenvielfalt so verhängnisvoll wie theoretische Totalversessenheit. Beide Positionen sind extrem – und verfehlen deshalb die Erkenntnis der Wirklichkeit, die weder ausschließlich Theorie noch Praxis ist.

Soziologie bleibt demnach im Bannkreis wissenschaftlicher Striktheit, auf den Gegenstand wie auf die Methode bezogen, wenn sie Theorie und Praxis aller Welt- und Lebenszüge gleichermaßen umgreift. Um dieser Aufgabe einer umfassenden Erkenntnis der Wirklichkeit zu genügen, muß sie vor dem methodischen Gewaltschritt innehalten, der zur Annahme führt, die Theorie löse die Praxis auf und umgekehrt.

Diese Unauflöslichkeit von Theorie und Praxis der Weltwirklichkeit bedingt die Hereinnahme der Erfahrung neben der Erkenntnis in das Selbstverständnis der soziologischen Methoden. Nur eine solche Ausgewogenheit gewährleistet schließlich die Inblicknahme einer »Welt von Maß und Mitte«, worin Adolf Portmann die akute Aufgabe der modernen Lebensforschung gesehen hat[6].
Der Entschluß, in der Mitte zu bleiben und Maß zu halten, widerstreitet der Lust zu erregend formulierten Plattitüden der Unbedingtheit. Und dennoch ergibt eine geschichtssoziologische Analyse unserer Welt, daß alle Handlungen der Maßlosigkeit, gegründet auf dem unreifen Umgang mit der Macht, nur das Verderben herbeiführen. Adalbert Stifter gab daher eine weisheitsvolle Erkenntnis der geschichtlichen Erfahrbarkeit wieder, wenn er sagt: »Untergehenden Völkern verschwindet zuerst das Maß.«[7] Wer Maß und Mitte als Ethos wissenschaftlichen Denkens einhält, ist hingegen zu Feststellungen befähigt, welche Daten zu dem Schluß führen, daß eine Gesellschaft in den Strudel unkontrollierbarer Ereignisse hineingeraten ist.
Wenn das Gleichgewicht im sozialen Kräftefeld in Unordnung gerät, wenn die Handlungen eines Staates undurchsichtig werden, wenn politische und geistige Polarisierungen die Toleranzgrenze überziehen, dann entstehen Grenzsituationen, die nicht durch einen befreienden Akt qualitativ höherer Fortschrittlichkeit überwunden werden, sondern die einen Rückgang gegenüber dem bereits erreichten strukturellen Standard auslösen.
Wir sind gegenwärtig wieder in einer solchen Problemlage, in der ein Kollaps unseres freiheitlichen Systems die Folge der maßlosen Überschreitung unserer Grenzen sein kann. Günter Schmölders registriert, daß die Staaten des freien Westens jetzt in Zustände der Maßlosigkeit geraten sind, bei denen sie noch nicht einmal mehr merken, daß sie »ungeniert über ihre Verhältnisse« leben. Und er belegt diese These mit einer weisheitsvollen Erkenntnis, die – in den

heutigen Tag hineingesprochen – Cicero bereits 55 Jahre vor unserer Zeitrechnung formulierte: »Der Staatshaushalt muß ausgeglichen sein. Der Staatsschatz sollte wieder aufgefüllt werden. Die öffentlichen Schulden müssen verringert werden. Die Arroganz der Behörden muß gemäßigt und kontrolliert werden. Die Zahlungen an ausländische Regierungen müssen reduziert werden, wenn der Staat nicht bankrott gehen soll. Die Leute sollten wieder lernen zu arbeiten, statt auf öffentliche Rechnung zu leben.«[8]
Es ist hingegen von einer analytischen Fahrlässigkeit, wenn man die Explosion eines Staatswesens infolge von Maßlosigkeit nur für vorindustrielle Stadien des geschichtlichen Geschehens befürchtet. Aufzählbar sind sicher eine Reihe von Daseinsmöglichkeiten, die einer Dynamik der industriellen Gesellschaft entspringen. Aber staatliche und gesellschaftliche Krisen als Folge von Gleichgewichtsstörungen im sozialen und politischen Handlungsgefüge stellen eine Gesetzmäßigkeit dar, die historische Epochen überspannt.
Die Belege hierfür sind schließlich eingetretene Tatsachen, die um so schlimmer geraten, desto mehr ihr Hereinbruch überrascht. Die Registrierung herannahender Krisen und Katastrophen war noch nie das Geschäft systematisierender Theoretiker gewesen, sondern gehört zur Eigentümlichkeit von Mahnern, die sich durch den Vergleich der Jahrhunderte überschauberer Geschichte eine innere Erfahrung ansammeln konnten. Wenn Reinhold Schneider über den Geschichtsphilosophen Leopold Ziegler schreibt: »Bei aller Schärfe der Logik in den geisteskritischen und soziologischen Arbeiten ist sein Denken von Schauen und Ahnen, von der Ehrfurcht vor unauskündbaren Geheimnissen geleitet«, dann liegt hierbei ein exemplarischer Fall intuitiver und doch analytischer Geschichtsbetrachtung vor[9], ein Leben in den Stürmen der Geschichte in der Gelassenheit einer inneren Erfahrung.
In diesem Sinne stellt es auch eine epocheübergreifende Soziologie maßvoller Machthandhabung in der Geschichte

dar, wenn schon Thukydides ein unveränderliches Grundgesetz der politischen und sozialen Anthropologie offenlegt: »Rühmenswert ist, wer sich der menschlichen Natur bedienend, über andere herrscht und sich gerechter verhält, als es seine überlegene Macht zuläßt.«[10]
Was wäre der Soziologie an absinkender Einschätzung ihrer Aufgabe erspart geblieben, wenn sie, frei von hektischen und revolutionären Aufrufen, diesem Gesetz einer Soziologie des Gleichgewichts, insgesamt treu geblieben wäre. Dieser Auftrag zu einer Soziologie des Maßes und der Erfahrung hätte auch eingehalten werden können, wenn sich das allgemeine Bild vom soziologischen Tun für den außenstehenden Betrachter nicht ausschließlich auf Comte, Marx und die »Kritische Theorie« Horkheimers und Adornos konzentriert hätte. Zum Marxschen Ausgangspunkt einer »negativen Soziologie« kam im Laufe ihrer Verkürzungsgeschichte nur die Verdünnungsform der »negativen Dialektik« der Frankfurter Schule hinzu[11].
Im öffentlichen Bewußtsein erfolgte hierdurch eine Gleichsetzung von Soziologie und Sozialismus; mitunter aber schon wegen der Wortähnlichkeit. Und obwohl der Sozialismus viele Richtungen aufweist, auch höchst pragmatische Orientierungen, und neben Marx andere theoretische Entwürfe des Sozialismus größere Aufmerksamkeit verdienten, zog sich folgende medienstrategische und irrationale Assoziation zusammen: Sozialismus – Marxismus – Wissenschaft – Soziologie. Diese Szenerie im sozialwissenschaftlich sich gebärenden Wunderland hinterläßt trotz ihres mehr als hundertjährigen Wiedergeburtseifers keinen glaubwürdigen Eindruck. Rudi Supek, der Zagreber Praxissoziologe, stellt in seinem Buch »Soziologie und Sozialismus« im völligen Einklang mit anderen Marxanalytikern fest, »daß der Marxismus keine besondere Wissenschaft ist, weder Ökonomie noch Geschichte, noch Soziologie, ja auch keine besondere Philosophie oder Ideologie.[12]« Stattdessen kennzeichnet Supek den Marxismus »als kritisches Bewußtsein

gegenüber dem Bestehenden«, das »als Wissenschaft vom Möglichen und Wünschenswerten wirksam wird, während die Soziologie sich eher innerhalb der Grenzen des Gegebenen bewegt«[13].

So rückt der Marxismus in seiner psychologischen Konstellation in die Nähe der Wunschtheorien der gegenwärtigen alternativen Kulturbewegung. Er erneuert sich nicht an theoretischen Einsichten – und schon gar nicht am Impuls soziologischer Gegenwartsanalysen. So verdankt der marxistische Sozialismus seine Chance der fast in jeder Generation wiederkehrenden Renaissance der Bereitschaft nicht differenziert und sozialwissenschaftlich geschulter Menschen, im Sozialismus die »Modernisierungsideologie« unserer Zeit schlechthin zu erblicken[14].

Die Faszination, die dem Sozialismus als Vehikel zur Modernisierung zufällt, wird dann unversehens ein Element zur Bestätigung des Marxismus als Wissenschaft, vor allem als Höchste Ausdrucksform moderner Soziologie.

In einem soziologiegeschichtlichen Rückblick muß diese Vereinseitigung, die der Soziologie durch die Verkürzung auf den Marxismus widerfahren ist, in höchstem Maße bedauert werden. Und diese Verkürzung der Soziologie auf den Marxismus ist für jeden Kenner der Geschichte der Soziologie eine durchsichtige Programmierung, die den ideologisierten Mißbrauch der Soziologie ermöglicht. Alle bedeutsamen Soziologiehistoriker unserer Zeit heben auch zur Markierung des anderen Beginns der Soziologie hervor, daß sie nicht aus dem Marxismus und auch nicht ausschließlich aus der Aufklärung hervorgegangen ist. In einem Nachruf auf den 1965 tödlich verunglückten Verfasser einer vierbändigen Geschichte der Soziologie, Friedrich Jonas, bemerkt Horst Baier: »Friedrich Jonas war ein Gegenaufklärer«[15]. Und zur Einschätzung, die Jonas für Marx besaß, stellt er fest: »Für ihn war er ein revoltierender Intellektueller, der im Bündnis mit gewalttätigen emanzipatorischen Sozialbewegungen die Weltgeschichte noch umwenden wollte"[16].

Längst vor dem Beginn der Aufklärung, in der griechischen Antike, findet Helmut Schoeck in seiner »Soziologie und die Gesellschaften« bereits soziologische Fragestellungen vor. In der Frühphase der Entwicklung der Soziologie als eigenständige Wissenschaft erblickt er in Machiavelli, Montaigne, Bacon, Vico, Montesquieu, Smith und Ferguson die entscheidenden Anreger. Die Entfaltung spezieller Soziologien sieht er schon vorgegeben durch die Impulse, die Herder der Sprachsoziologie, Schleiermacher der Wissenssoziologie, Schlegel der soziologischen Kategorisierung gesellschaftlicher Strukturen, Novalis der Familiensoziologie, Fichte der Geschichtssoziologie, Adam Müller der Staatssoziologie und Benjamin Constant der soziologischen Analyse der Revolution und der Erscheinungsweisen moderner Diktaturen, bereits vermittelt haben[17].

Helmut Klages registriert die Ausgangslage der Soziologie schließlich in der längst vor Marx liegenden Politisierung des Naturrechts und findet die Feststellung von Werner Sombart zutreffend, »daß sich im Kampf um Hobbes diejenigen neuen Ideen entwickelten, die bestimmt sein sollten, der Soziologie zum Leben zu verhelfen«[18].

Es gilt dennoch zur Rechtfertigung des Anspruchs der Soziologie, eine ideologiefreie und abgerundete Einzelwissenschaft zu sein, ihre legitimierenden Ursprünge offenzulegen. Diese ausweisenden Berechtigungen sind ja durchaus reichlich vorhanden. Der von Marx und Comte ausgehende Ansatz hat dabei als eine im 19. Jahrhundert beachtenswerte Lehrmeinung zu gelten, die ihre Wurzeln eigentlich nicht in originär soziologischen Fragestellungen besitzt.

Der soziologiegeschichtliche Irrtum, der sich mit landläufiger Hartnäckigkeit behauptet, daß mit Comte und Marx die Soziologie ihren Anfang genommen habe, bedarf daher einer dringlichen Korrektur. Beide hatten die Absicht, den Entwurf zu einer total neuen Gesellschaft auf dem Hintergrund ihrer philosophischen und nicht einer ökonomischen oder gar soziologischen Grundorientierung vorzunehmen.

Leopold von Wiese sagte daher unumwunden, die Ausgangslage von Comte umschreibend: Auguste Comte (1798–1857) muß uns heute vorwiegend als Philosoph, nicht als Soziologe gelten«[19].

Stattdessen zögert Leopold von Wiese nicht, in Herbert Spencer den Soziologen des Anfangs schlechthin zu erblicken[20]. Und ebenso verständlich ist die Erinnerung von René König, daß er Emilé Durkheim für den bedeutendsten Soziologen am Beginn der Geschichte der Soziologie als eigenständige Wissenschaft ansieht[21]. Unzweifelhaft hat auch Durkheim für die soziologische Analyse der Wirklichkeit eine originäre Befähigung mitgebracht – im Gegensatz zu Comte.

Alfred von Martin ist im Gleichklang zu einer Suche nach einer Soziologie des Maßes der Hinweis zu verdanken, daß Jacob Burckhardts kurturgeschichtliche Betrachtungen durchaus die methodischen Elemente soziologischen Denkens in sich bergen[22]. Einen ebenfalls beachtenswerten Ursprung der Soziologie hat Robert Spaemann erschlossen, indem er auf die Bedeutung von L. C. A. de Bonald verweist, der nach dem Abschied von bisheriger metaphysischer Welt- und Geschichtsbetrachtung »als erster die Idee einer Philosophie der Gesellschaft entwarf«[23].

Diese anderen Ursprünge der Soziologie, die sie dem Nimbus einer revolutionären Destruktionswissenschaft berauben, finden demgemäß in allen wissenschaftlich ernsthaften Standardwerken der Soziologie eine hervorgekehrte Beachtung. So ist in Alfred Vierkandts Handwörterbuch der Soziologie in der Beurteilung Comtes lediglich davon die Rede, daß er »eine wirklich ›dürftige‹ soziale Statik« und eine der Hegelschen Geschichtsphilosophie entsprechende »allgemeine Theorie des natürlichen Fortschritts der Menschheit« entwickelt hat[24].

Comte und Marx sind eben für die Entwicklung der Soziologie nicht repräsentativ; sie sind vielmehr ein Sündenfall, von verkürzter Philosophie verursacht. Im Land seiner Ge-

burt, in Frankreich, gilt nicht Comte als der Soziologe des Anfangs, sondern Durkheim; in England, wo Marx die längste Zeit seines Lebens schrieb, blieb er für die Entwicklung der Soziologie folgenlos. Spätwirkungen zeigt er erst jetzt in der zunehmenden ideologischen Verworrenheit der Labour-Party. In der Entwicklung der deutschen Soziologie spielen Marx und Comte ebenfalls keine Rolle.
Raymond Aron nennt dagegen in seiner überaus lesenswerten Darstellung der Entwicklung der Soziologie in Deutschland als die entscheidenden Bahnbrecher: Georg Simmel, Leopold von Wiese, Ferdinand Tönnies, Alfred Vierkandt, Franz Oppenheimer, Alfred Weber, Karl Mannheim und vor allem Max Weber[25]. Der fast alle Einzelgebiete der Soziologie bereits durchschreitende Max Weber war schließlich aber auch die entscheidende anregende Kraft für die Entfaltung der modernen Soziologie in den USA. Daneben verweist Heinz Hartmann noch auf die Vorleistungen von Durkheim und Pareto[26].
Nach Vergegenwärtigung dieser aufweisbaren Tradition der Soziologie ist die Frage verständlich, weshalb die Soziologie in ihrem landläufigen Ansehen solche Einbußen hat erleiden müssen. Zumal auch die repräsentativen Soziologen der Gegenwart – von wenigen Ausnahmen abgesehen – nicht in den Verdacht geraten können, ihre Wissenschaft als revolutionäre Sturmlehre zu begreifen.
Es ist wohl die Denaturierung der Soziologie zur marxistischen Soziologie, die Gleichsetzung von Soziologie und Sozialismus, ihr Abstieg zur manipulierbaren Modetheorie, ihre Handhabung durch Medienregisseure, eine Anfälligkeit aller Wissenschaften zur Soziologisierung ihrer Methoden und Tendenzen, was einen der bedeutendsten Soziologen unserer Zeit, Helmut Schelsky, nach einer »Anti-Soziologie« rufen ließ[27]. Die Soziologie darf jedoch mit ihrem Anspruch andere wissenschaftliche Disziplinen nicht überwölben, sie hat nicht brutalen Revolutionslehren das Gewand wissenschaftlicher Sensibilität auszuleihen, sie ist kein Symbol für

metaphysische Ersatzleistungen und die besitzt keine Berechtigung, eine übertriebene Wissenschaftsgläubigkeit zu unterstützen.

Wenn sie Bereitschaft zeigt, zur Diagnose und Therapie unserer Zeit mithelfende Dienste zu leisten, muß sie sich vor extremen Erkenntnisausschlägen hüten. Sie wahrt dabei das Maß in der Beurteilung der Bedingungen des Lebens der Menschen und der Welt nur dann, wenn sie menschlich gereifte und historisch bestätigte Erfahrungen in das Ensemble ihrer Methoden hereinläßt.

[1] Über die Rolle der »Heilbringer« vgl. Romano Guardini, Der Heilbringer in Mythos, Offenbarung und Politik, Stuttgart 1946.
[2] Stanislaw Andreski, Die Hexenmeister der Sozialwissenschaften, München 1974, S. 22/9.
[3] Werner Ziegenfuß, Wesen und Formen der Soziologie, in: Handbuch der Soziologie, herausgeg. ders., Stuttgart 1956, S. 174.
[4] Félix Guattari, Wunsch und Revolution, Heidelberg 1978; zit. nach Horst Baier, Eine neue zweite Kultur? in: Süddeutsche Zeitung, 30. Juni/1. Juli 1979.
[5] Norbert Elias, Zum Begriff des Alltags, in: Materialien zur Soziologie des Alltags, Kölner Zeitschrift für Soziologie und Sozialpsychologie, Sonderheft 20, 1978, hrsg. Kurt Hammerich und Michael Klein, S. 22.
[6] Adolf Portmann, a.a.O., S. 332.
[7] Adalbert Stifter, zit. nach Max Steff, in: Adalbert Stifter, Maß und Freiheit, Augsburg 1947, S. XI.
[8] Günter Schmölders, Mit ruhigem Gewissen in den Staatsbankrott, in: Die Welt, 21. 7. 79.
[9] Reinhold Schneider – Leopold Ziegler – Briefwechsel, München 1960, S. 13.
[10] Vgl. Gerhard Möbus, Die politischen Theorien von der Antike bis zur Renaissance, Politische Theorien, Teil I, Köln und Opladen, 2. erw. Aufl., 1964, S. 28.
[11] Vgl. Günter Rohrmoser, Das Elend der kritischen Theorie, Freiburg, unveränderte Aufl., 1976, S. 9.
[12] Rudi Supek, Soziologie und Sozialismus, Freiburg 1970, S. 1 und 2.
[13] Rudi Supek, a.a.O., S. 46.
[14] Vgl. Klaus-Georg Riegel, a.a.O.

[15] Horst Baier, in: Friedrich Jonas, Geschichte der Soziologie, Bd. 4, Reinbek 1969, S. 271.
[16] Horst Baier, a.a.O., S. 270.
[17] Vgl. Helmut Schoeck, Die Soziologie und die Gesellschaften, Freiburg/München 1964, S. 129–156.
[18] Helmut Klages, Geschichte der Soziologie, München 1969, S. 29.
[19] Leopold von Wiese, Soziologie, Berlin 1954, 5. Auflage, S. 57.
[20] Leopold von Wiese, a.a.O. S. 59.
[21] Vgl. René König, Emile Dürkheim zur Diskussion, München–Wien, 1978.
[22] Alfred von Martin, Soziologie der Renaissance, 2. vermehrte Auflage, Frankfurt/M., 1949, S. 13.
[23] Robert Spaemann, Der Ursprung der Soziologie aus dem Geist der Restauration, München, 1959, S. 181.
[24] H. L. Stoltenberg, Geschichte der Soziologie, in: Handwörterbuch der Soziologie, hrsg. von Alfred Vierkandt, unveränderter Neudruck, Stuttgart 1959, S. 586.
[25] Vgl. Raymond Aron, Deutsche Soziologie der Gegenwart, Stuttgart 1965.
[26] Heinz Hartmann, Moderne amerikanische Soziologie, 2. Auflage, Stuttgart 1973, S. 3.
[27] Vgl. Helmut Schelsky, Die Arbeit tun die anderen, Köln-Opladen, 1975, bes. IV. Teil: Anti-Soziologie, S. 256 ff.

20.

Geschichts- und Kultursoziologie als Bedingung moderner Demokratieforschung

Eine Analyse der überschaubaren Demokratiegeschichte zeigt in der zyklischen Wiederkehr gleicher Ereignisse und Auswirkungen, daß auch der Ausbruch des demokratischen Zeitalters die historische Fortschrittsprognose eben nicht bestätigt hat. Der Rückgang demokratiemodernisierender Tendenzen kann stattdessen immer wieder beobachtet werden. Und angesammelte Demokratieerfahrungen konnten selbst in überschaubaren Zeiträumen nicht von einer zur nachfolgenden Generation übertragen werden.

Fortschrittsideologien erbrachten, wenn der Versuch zu ihrer politischen und sozialen Umsetzung vorgenommen wurde, nicht in einer geraden Folgewirkung die Vermehrung des Raumes der Freiheit, sondern den Rückfall auf ehemalige soziale Strukturen oder gar den Einbruch des politischen Totalitarismus. Woran kann sich deshalb eine Demokratieforschung halten, wenn sie die Bedingungen für die Erhaltung und Festigung der Demokratie untersucht? Wohl nicht an Theorien, Utopien und Illusionen, die über die Probleme unseres Zeitalters nur für eine kurze Zeit hinwegtäuschen. Inzwischen kann ja auch der Widerspruch nicht mehr verborgen gehalten werden, daß die Skeptiker der Freiheit im Bewährungsfall die größten Kämpfer für die Freiheit sind; und nicht jene, die Freiheit als Synonym des Fortschritts vorbehaltlos bejahen.

Die Weltgeschichte, – und auch die europäische Geschichte – ist allemal keine Geschichte ständig sich vergrößern-

der menschlicher Freiheit durch sozialstrukturelle Fortschritte. Wenn aber eine solche Theorie zum Verständnis des geschichtlichen Geschehens beitragen soll, wird die Geschichte weiterhin in einem Erwartungszustand der neurotischen Dialektik zwischen Fortschrittsglauben und realer Rückfälligkeit im Feld struktureller Entwicklung verbleiben.
Sowenig der Gang der Weltgeschichte mit einer aufsteigenden Linie bis zur Erlangung höchster Fortschrittlichkeit vergleichbar ist; im selben Maße bestätigt sich auch nicht die Fortschrittsthese, daß ein kultureller Prozeß irgendwo zu einer Vollendung führt.
Es gibt weder eine Einheit der Weltgeschichte noch eine Einheitlichkeit der Kulturen; so sehr man auch gelegentlich durch die Globalisierung und Technologisierung der modernen Informations- und Kommunikationssysteme zu einer solchen Illusion neigen mag. Die Globalisierung oberflächlicher Weltzusammenhänge erhöht sogar die Schwierigkeit für den Menschen, seine Identität zu erlangen und zu erhalten. Der für Fortschrittsglobalisten überraschende Einbruch eines »Regionalismus« des Denkens und der Interessen ist, wie Hermann Lübbe durchaus richtig erblickt, »eine spezifische Herausforderung unserer modernen Zivilisation«.[1]
Wie muß demnach eine Geschichts- und Kultursoziologie aussehen, die angesichts fortwährender Demokratiegefährdungen die Klippe fortschrittlicher Gesundbeterei umgeht, ohne daß der Blick auf die demokratischen Möglichkeiten unserer Zeit dabei verlorengeht? Das muß wohl eine Soziologie sein, die in der Erforschung geschichtlicher und kultureller Bewegungen nicht einfach Theorien und Modelle aufeinanderhäuft, die zwar für einen Augenblick den Traum zulassen, mit ihnen lasse sich eine problemlose Zukunft errichten. Theorien und Modelle schmeicheln dem Zeitgeist, dessen verführerische Modernität im schnell vergeßlichen Wechsel der Problemthemen liegt. Eine Geschichts- und Kultursoziologie, die sich der Wirklichkeit

stellt, darf nicht zum Aufatmen nach vorausgehenden und wiederkehrenden Angstneurosen verleiten, sondern muß den langen – und schweren – Atem der geschichtlichen und kulturellen Erfahrung in ihre methodische Spannweite hereinlassen.
Insofern ist Geschichts- und Kultursoziologie in einem wissenschaftlich seriösen Sinne keine Veranstaltung, die einem planungsgierigen und projektsüchtigen Zeitvertreib dient, der lediglich reglementierenden und bürokratischen Sehnsüchten bestimmter Gruppen und gewissen menschlichen Veranlagungen entgegenkommt. Dabei darf sich die Soziologie durchaus dem Anspruch aussetzen, geschichtliche und kulturelle Fragehorizonte zu öffnen, die von manchen der herkömmlichen Wissenschaften nicht gesichtet werden.
Diese methodische Weite – die auch eine Tiefe sein kann – der Soziologie zur analytischen Deutung unseres Zeitalters darf aber nicht zu dem Wagemut veranlassen, dem Soziologen eine ausschließliche Kompetenz in der Erschließung historischer und kultureller Gesetzmäßigkeiten einzuräumen. Nach dem Philosophen, dem Biologen, dem Physiker, dem Technologen ist nicht jetzt er an der Reihe, sich die Krone der letztmöglichen Erkenntnis unserer Zeit aufs Haupt zu setzen. Einstweilen scheint es ja doch immer noch so zu sein, daß nicht der differenzierende Wissenschaftler, sondern der simplifizierende Ideologe und Stratege das meiste Gehör findet.
Eine unwissenschaftliche Vereinfachung enthielt allerdings schon das Erstlingsbuch der Geschichtssoziologie; denn Paul Barth erlag in seinem 1897 erschienenen Werk »Die Philosophie der Geschichte als Soziologie« leider der Versuchung, den Gang der Geschichte glasklar und ohne Rest an Geheimnissen zu interpretieren. So war für ihn die Geschichte einfach ein »Willensorganismus« oder ein »geistiger Organismus«, die man beide mit naturwissenschaftlichen Methoden in ihre Entfaltung erklären konnte.[2] Jeglicher Versuch, nach verlorengegangener Metaphysik die Einheit der

Welt durch die Aufstellung eines Systems übertragbarer Kategorien zu retten, ist jedoch ein Mißbrauch der Wissenschaft.
Die Neigung zur kategorialen Übertragung war daher eine stete Gefährdung in der Entwicklung der Geschichts- und Kultursoziologie in unserer Zeit. Ähnliche Behinderungen taten sich auf durch Übersteigerungen, indem man aus der Funktion als segmentären Wirkungsbereich den Funktionalismus und aus der Struktur als segmentären Wirkbereich den Strukturalismus stilisierte.
Bei aller Anerkennung einer einsichtigen und ausgewogenen Verwendbarkeit der funktionalen und strukturalen Methode, wie sie von Talcott Parsons und Claude Levy-Strauss in die soziologische Instrumentensammlung eingeführt wurden, ist aber der geschichtliche und kulturelle Prozeß kein Strom, in dem Funktionen und Strukturen als die einzigen sichtbaren Balken dahinschwimmen. Funktionale und strukturale Analysen sind sicherlich für kategorische und epochale Merkmalsbestimmungen äußerst hilfreich. Aber die zuweilen ruhende und dann wieder treibende Substanz im geschichtlich-kulturellen Geschehen löst sich niemals völlig in Funktionen und Strukturen auf. Wäre es dennoch so, dann müßte sich Geschichte in Mechanismen auflösen; stattdessen ist neben der Bedeutung von Funktionen und Strukturen in jedweder mehrschichtig gegliederten Gesellschaft der Handlungsraum menschlicher Individualität in die Summe der Einflußfaktoren im kulturellen und historischen Prozeß einzubeziehen; »Erkenntnis und Wille« stehen dabei dem Menschen als Einwirkungsmöglichkeit zur Verfügung.[3]
Aber auch eine isolierte Bedeutungsanalyse von Funktionen und Strukturen ergibt keine Bekräftigung der Fortschrittsthese. Der Ablauf der Geschichte oder einer Kulturentwicklung ist nicht durch den »Übergang von einer Struktur zu einer zweiten« vorbestimmt.[4] Und Geschichte und Kultur sind auch keine Pyramiden der Funktionsanhäufungen.
Das Dilemma neuzeitlicher Geschichts- und Kulturdeutun-

gen liegt aber darin, daß allzu häufig mit den Mitteln der Faktorensoziologie einer Einwirkungsebene – eben der Funktion oder der Struktur – eine ausschließliche Erheblichkeit zugebilligt wurde.

Die Abschwörung gegen einen allein seligmachenden Faktor des Geschehens braucht indessen keinen methodischen Verzicht in der Soziologie auszulösen, auf Unterscheidbarkeiten und Beziehungsverflechtungen zur Erklärung unserer komplizierten Welt hinzuweisen. Ein differenzierendes und vergleichendes Erschließungsverfahren entspricht auch einer altherkömmlichen methodischen Tradition, die zu bewahren der Soziologie gut ansteht.

Diese Tradition, die geschichtlichen Prozesse und kulturellen Verdichtungen und Erschlaffungen in methodische Kategorien einzuteilen, geht zweifellos im Ursprung auf die vorchristliche Antike zurück. Seitdem wurde immer wieder – in vielen Variationen – die Frage aufgeworfen, was der Sinn der Geschichte und das Ziel einer Kultur letztlich sein kann. Die Sinnfrage in der Geschichte läßt sich dabei schwieriger als die Zielbestimmung einer Kultur beantworten. Kann sich Geschichte denn überhaupt für eine Erklärung ihres Sinns öffnen, wenn bisher überschaubare Gesamtgeschichte keine Beantwortung der Sinnfrage ergibt? Läßt sich die Einbergung in die Sinnhaftigkeit des einzelmenschlichen Lebens auf historische und kulturelle Gesamtprozesse übertragen? Aus den Rhythmen menschlichen Lebens – Kindheit, Jugend, Erwachsensein, Tod – kann ein Vollendungsgedanke in der Geschichte auch nicht abgeleitet werden.

Kulturzielbestimmungen sind hingegen leichter vorzunehmen, wenn die Vollendungs- und Permanenzidee dabei ausgeschlossen bleibt. Kultur ist eine erstrebte höhere Identität des Menschen, sein Hineingegebensein in eine höhere Form des Daseins, ein Erspüren des identifizierenden Zusammenhangs mit anderen. Kultur ist wegen der Notwendigkeit des historischen Ausreifens kein gerade aktualisierbares Ak-

tionskonzentrat. Die Kultursoziologie muß deshalb auf die Erfahrung verweisen, daß die bisher vorkommenden Kulturen allesamt nicht das Ergebnis von Wochen- oder gar Tagesleistungen sind, sondern erst in einem langen Anlauf entstanden; daher sind »alle großen Kulturen der Vergangenheit metaphysische und kontemplative Kulturen gewesen«, die erst eine Verlebendigung erfuhren, als drei Faktoren eine kristallisierende Ausprägung erfuhren: Kunst, Philosophie und Religion.[5]
Die gegenseitige Befruchtung dieser drei Faktoren setzt begreiflicherweise einen tragenden Boden an sozialen Schichten voraus, die Kunst, Wissenschaft und Religion repräsentieren. Am Anfang einer kulturellen Entwicklung steht sicherlich der elitespezifische Durchbruch, in den sich ausbreitenden Tendenzen einer Kultur ist dagegen eine massenhafte Grundlagensicherung kein Unheil. Karl R. Popper hat zu Recht auf die Integrationskraft und die Erfüllungsbeglückkung einer Massenkultur hingewiesen.[6] Und Hendrik de Man hat in seinem letzten Buch „Vermassung und Kulturzerfall" leidenschaftlich der These widersprochen, daß Massenanschluß zum kulturellen Abstieg führen muß, wie er sich auch dagegen wehrte, in den Prozessen der Vermassung bereits eine entkulturierende Proletarisierung zu sehen.[7]
Was für den kulturellen Prozeß hingegen gefährlich sein kann, ist die Abstrahierung und Intellektualisierung kultureller Zustimmung – die sich jeweils recht bald als Ablehnungen herausstellen.
Es bedarf längst der wissenschaftsgeschichtlichen Nachzeichnung, welche modischen Theorien unserer Zeit ihren Ursprung dem Transzendenzverlust ihrer Erfinder verdanken. Die Folge war immer wieder die Flucht in die intellektualisierungsfreudige Abstraktion – des Konkreten. Horst E. Richter beschrieb in seinem Buch »Der Gotteskomplex« diesen geistes- wie psychologiegeschichtlich aufschlußreichen Vorgang, wie durch die Preisgabe der Metaphysik in unserer Zeit ein Egozentrismus die „beschädigten Individiums"

entstand, der zu Ablehnungsmythen geführt hat.[8] – Vor allem bei Marx, Freud und Marcuse.

Eine theoretisierende Abstrahierung von kulturellen Teilaspekten ist jedoch immer die Verengung, die Aushöhlung der Substanz bis zum rhythmischen Erwachen neuer transzendierender Bedürfnisse. Wer die zuweilen hektischen Zyklen in der Auswechslung der modischen Prioritätsthemen verfolgt, wird unschwer erkennen, daß auf Perioden krampfhafter Abstraktion als gewollte Hinwendung zu einer kargen Rationalität die Phasen ebenso übersteigerter Irrationalität unvermeidlich folgen. Über den eigentlichen kulturellen oder zivilisatorischen Prozeß sagen diese modischen Oberflächenwirkungen eigentlich wenig aus.

Es ist naheliegend, im Wagnis eines Versuchs der geschichts- und kultursoziologischen Kategorisierung die Unterscheidung zwischen den tiefgehenden Wandlungen, wie sie sich in Epochen, Geschichtsperioden und Kulturstilen wiedergeben lassen und den Oberflächenbewegungen, wie sie in Moden, Trends und Tendenzen in Erscheinung treten, vorzunehmen.

Die großen epochalen Einschnitte im geschichtlichen Geschehen erleichtern die Aufstellung eines Lehrgebäudes, das Einblick in historisch unverwechselbare Wohnungen gewährt. Wegen der Sichtbarkeit der Zeugnisse mit Hinterlassenschaftscharakter ist wohl die Einteilung in die Phasenentwicklung der Kunst am augenfälligsten. Weniger ersichtlich für historische Bedürfnisse zur Phaseneinteilung sind sozialstrukturelle Epochenwandlungen, die selten markierende Einschnitte, dafür aber Überschneidungen und Überlagerungen offenbar werden lassen.

Diese großflächigen Wandlungen, die in der Dynamik der europäischen Kulturentwicklung unterscheidbare Etappeneinteilung zulassen, ergaben sich nicht nach einem Plan der Vorsehung – sosehr eine metaphysische Geschichtsbetrachtung lange Zeit hindurch daran auch hängen mochte. Geschichte ist nicht Vorsehung; sie ist aber auch nicht Fort-

schritt. Das Verhängnis europäischer Geschichtsreflexion liegt jedoch darin begründet, daß Hegel, wie Karl Löwith feststellt, »die theologische Behauptung von der Erfüllung der Zeit durch Christus in den Fortschrittsglauben der Aufklärung hereinnimmt«.[9] Damit vollzog sich die Profanisierung einer heilsgeschichtlichen Idee, um der transzendierenden Ungeschichtlichkeit zu entgehen. Nunmehr glaubte man, das blinde Walten der Geschichte durch die Einbändigung in Gesetzmäßigkeiten beenden zu können; zumal der auf Descartes zurückgehende Anspruch auf die Rationalität als alleinige erkenntnistheoretische Grundlage darauf hoffen ließ, daß dem Gesetz der Geschichte jedes Geheimnis abgerungen werden kann. Unbeschadet der unzweifelhaften »Bedeutung des Rationalen als soziologisches Erkenntnisprinzip« – wie in jeder ernsthaften wissenschaftlichen Erschließungsmethode –, erbringen die Zusammenzählungen rational erheblicher Ereignisse dennoch kein Bild geschichtlichen Fortschritts.[10]
Die unvermeidbare Folge rationalistischer Geschichtsanalyse war deshalb keine größere Erhellung der Geschichtlichkeit, sondern ein »Rückgang der Geschichtlichkeit«.[11] Sicherlich gab es zu keiner Zeit ein ungeteilt angenommenes Geschichtsbewußtsein. Aber in unserer Gegenwart ist der Widerspruch zwischen dem Anspruch auf eine wissenschaftliche Analyse der Geschichte und dem vorhandenen Verständnis des Historischen besonders krass hervortretend.
So ist die Kategorisierung der Geschichte auf der Grundlage der Fortschrittsgläubigkeit gescheitert. Damit schlug der neuzeitliche Versuch historischer Betrachtung fehl, die Deutung des historischen Geschehens den Händen der »Finalisten« zu entreißen und sie zu einem Werkzeug der »Zykliker« werden zu lassen.[12]
Diese Kritik an der Fortschrittsidee der Aufklärung trifft aber nicht nur für das Scheitern ihrer epochal-progressiven Systematisierungssucht zu; sie gilt ebenso für die Annahme einer Fortschrittstendenz in den kurzlebigen Trends, Mo-

den und Tendenzen, die unser dynamisches Zeitalter der thematischen Langeweile entziehen sollen. Schließlich ist durch eine Entfernung der modernen Gesellschaft von der Möglichkeit ernsthafter und existentieller Problemlösungen eine Denk- und Daseinsweise vielfach entstanden, die selbst in totalitären Staaten dazu geführt hat, daß die modernisierende und dynamisierende Hektik nachließ und sich dafür, – wie auf Kuba – eine langweilige »Leerlauf-Gesellschaft« ausgebreitet hat.[13]

Die historische Gegenkraft, die Langeweile und Leerlauf in institutioneller Verdichtung nicht zu einem Dauerzustand werden läßt, ist nur in der Vergeßlichkeit der Ungeschichtlichkeit und in dem unausbleiblichen Rhythmus des Generationenwechsels zu erblicken. Diese Eigentümlichkeiten der Menschen, historische Spannweiten nicht zu erfassen und jede Generation zum Geburtshelfer neuer Hoffnungen auf eine bessere Gesellschaft zu entwickeln, sind zugleich die Ursachen für die Erneuerungsfähigkeit der Fortschrittsidee in der Geschichte. Darum stellt es eine Überforderung des historischen Bewußtseins des Menschen dar, wenn Arnold Gehlen meint, daß »das Pathos des Fortschritts... erst dann gebrochen« ist, »wenn die Wiedergeburt sich in Reproduktion aufgelöst hat.«[14] Dabei zeigen doch Gegenwartsgesellschaften vielfach einen Zustand der kreativen Erschöpfungen an, in dem die Reproduktion der Nachahmung als erstmalige Verbesserung angepriesen wird.

Solche Erschlaffungen in der kulturellen und sozialen Dynamik kommen indessen nicht nur in den noch nicht voll entwickelten Gesellschaften vor. Wenngleich auch Gesellschaften, in denen die wesentlichen Kultur- und Entwicklungsdaten im Zusammenschluß ein Leistungsaggregat ergeben, eine größere Stabilität gegen die Anfechtungen des Rückgangs in der Regel beweisen. Gewöhnlich sind es drei Seinssphären oder Strukturelemente, die eine stabile und freiheitliche Industriekultur gewährleisten; gleich, ob es sich im Blick von Alfred Weber um die Gleichzeitigkeit des

Gesellschafts-, Zivilisations- und Kulturprozesses handelt oder nach Daniel Bell das konzeptionelle Schema der nachindustriellen Gesellschaft in einer Harmonisierung von sozialer, politischer und kultureller Sphäre vorliegt.[15]
Leider bleiben aber die industriellen Gesellschaften auch bei einer scheinbar harmonisierten Struktur nicht frei von der Gefährdung, daß ein Strang der Daseinsphären erschlafft oder an Geltung verliert. Es gibt daher keine historische Bestätigung für die Erhaltung der Gleichzeitigkeit und der gleichen Einwirkungskraft der verschiedenen Seinssphären.
Es gibt demnach keine kultur- und geschichtssoziologische Begründung für die Idee des Fortschritts im geschichtlichen Prozeß. Daher hat auch die These von Paul Ricour keine Belegkraft, daß durch Akkumulation und Verbesserung eine fortschrittliche und einheitliche Weltzivilisation entstehen kann. Seinen Glauben an das Zustandekommen einer Weltzivilisation als Höhepunkt des Fortschritts hat Ricour an fünf Mutmaßungen geknüpft:
1. die wissenschaftliche Zivilisation breitet sich ständig aus,
2. die technische Entwicklung untersteht dem Gesetz des Fortschritts,
3. der Rationalisierungsfaktor im geschichtlichen Geschehen bewirkt, daß alle politischen Systeme eine gemeinsame Entwicklung von der autokritischen zur demokratischen Regierungsform durchlaufen,
4. eine universale rationale Ökonomie setzt sich immer mehr durch,
5. alle diese Tendenzen führen zur Entfaltung eines einheitlichen Lebensstils.[16]
Hier handelt es sich unverkennbar um die Aufwärmung des Fortschrittsglaubens des 19. Jahrhunderts, – ohne Berücksichtigung der inzwischen eingetretenen Folgen.
Verbesserungen und Problembewältigung in akuten Situationen sind stets vorhandene reale Chancen für ein menschliches Einwirken. Aber permanent vergrößerte Rationalität, der Einbruch eines demokratischen Endzeitalters sind uto-

pische Grundannahmen, die wirkliche Möglichkeiten der Geschichte verdecken. Die Utopie des Fortschritts ist leider eine Ursache für die sich immer wieder einstellende Konstellation, daß Menschen und Gesellschaften nach hektischen Ausschlägen wieder in Fortschrittsermüdungen verfallen. Nicht die Kräfte der Utopie, sondern die Kräfte einer realistischen Einschätzung dynamischer Möglichkeiten der politischen und sozialen Gestaltung müssen deshalb unser Zeitalter aus jenen Problemen herausführen, die den bisherigen Freiheitsgewinn in der Geschichte bedrohen.

[1] Hermann Lübbe, Politischer Historismus. Zur Philosophie des Regionalismus, in: Politische Vierteljahresschrift, Mai 1979, Heft 1, S. 7.
[2] Herbert v. Borch, Grundlagen der Geschichtssoziologie, in: Einführung in die Soziologie, hrsg. von Alfred Weber, München 1955, S. 174.
[3] Wigand Siebel, Einführung in die systematische Soziologie, München 1974, S. 271.
[4] Walter L. Bühl, in: Funktion- und Struktur-Soziologie von der Geschichte, München 1975, S. 49.
[5] Marcel de Corte, Das Ende einer Kultur, München 1957, S. 21.
[6] Karl R. Popper, Massenkultur – warum denn nicht? Rede zur Eröffnung der Salzburger Festspiele 1979, abgedr. in: Die Welt, 4. August 1979.
[7] Hendrik de Man, Vermassung und Kulturzerfall, Bern–München, 3. Aufl. 1952, S. 45.
[8] Horst E. Richter, Der Gotteskomplex, Reinbek 1979, S. 61 ff.
[9] Karl Löwith, Weltgeschichte und Heilsgeschichte, Stuttgart 1953, S. 62.
[10] Werner Ziegenfuß, Wesen und Formen der Soziologie, in: Handbuch der Soziologie, Stuttgart 1956, S. 212.
[11] Gerhard Bauer, Geschichtlichkeit, Berlin 1963, S. 166.
[12] Vgl. zur Rolle von „Finalisten und Zyklikern" Peter Berglar, Fortschritt zum Ursprung, Salzburg 1978, S. 14.
[13] Werner Thomas, Kuba. Die langweiligste Leerlauf-Gesellschaft Lateinamerikas, in: Die Welt, 3. 9. 1979.
[14] Arnold Gehlen, Einblicke, Frankfurt/M. 1975, S. 57.
[15] Vgl. Daniel Bell, Die nachindustrielle Gesellschaft, Frankfurt/New York 1975.
[16] Paul Ricour, Geschichte und Wahrheit, München 1974, S. 279.

Literaturverzeichnis

Adorno, Theodor, W. u. a.: Der Positivismusstreit in der deutschen Soziologie, Darmstadt und Neuwied, 5. Aufl., 1976.
Allemann, Fritz, R.: Macht und Ohnmacht der Guerilla, München 1974.
Andrewski, Stanislaw: Die Hexenmeister der Sozialwissenschaften, München 1974.
Alves / Detrez / Marighela: Zerschlagt die Wohlstandsinseln der Dritten Welt, Reinbek bei Hamburg 1974.
Arendt, Hannah: Elemente und Ursprünge totaler Herrschaft, Frankfurt 1955.
Aron, Raymond: Die industrielle Gesellschaft, Frankfurt, Hamburg 1955.
Aron, Raymond: Fortschritt ohne Ende? Gütersloh 1965.
Aron, Raymond: Deutsche Soziologie der Gegenwart, Stuttgart 1970.
Aron, Raymond: Die düsteren Ahnungen des Herrn Alexis de Tocqueville, in: Die Welt, Sept. 1978.
Aron, Raymond: Über die Zukunft der freien Gesellschaften. Vortrag auf der 27. Jahrestagung des Ordens pour le mérite für Wissenschaft und Künste am 29. Mai 1979 in Bonn.

Bahr, Hans-Dieter: Kritik der Politischen Technologie, Frankfurt, Wien 1970.
Baier, Horst: In: Friedrich Jonas, Geschichte der Soziologie, Bd. 4, Hamburg 1969.
Bairoch, Paul: Die Dritte Welt in der Sackgasse, Wien 1971.
Barth, Hans: Masse und Mythos, Hamburg o. J.
Behrendt, Richard, F.: Problem und Verantwortung des Abendlandes in einer revolutionären Welt, Freisingen 1956.
Behrendt, Richard, F.: Dynamische Gesellschaft, Bern und Stuttgart 1963.
Behrendt, Richard, F. und Lühr, Volker: Voraussetzungen einer

globalen Entwicklungspolitik, Schriften des Vereins für Sozialpolitik, Neue Folge, Bd. 59, Berlin 1971.

Behrendt, Richard F.: Das Individuum im technischen Zeitalter, Zürich 1973.

Bell, Daniel: Die nachindustrielle Gesellschaft, Frankfurt, New York 1975.

Berglar, Peter: Fortschritt zum Ursprung, Salzburg 1978.

Bertaux, Pierre: Mutation der Menschheit, München 1971.

Beyme, Klaus von: Vom Faschismus zur Entwicklungsdiktatur – Machtelite und Opposition in Spanien, München 1971.

Blondel, Maurice: Die Aktion, Freiburg, München 1965; erstmals erschienen unter dem Titel „L' Action" 1893.

Boris, Dieter, Elisabeth Boris und Wolfgang Erhardt: Chile auf dem Weg zum Sozialismus, Köln 1971.

Borch, Herbert von: Grundlagen der Geschichtssoziologie, in: Weber, Alfred (Hrsg.) Einführung in die Soziologie, München 1955.

Bossle, Lothar: Politische Ordnungsformen in der modernen Industriegesellschaft, Mainz 1966.

Bossle: Lothar: Aufgabe und Methode der Erforschung des politischen Totalitarismus, in: Politik als Gedanke und Tat, Mainz 1967.

Bossle, Lothar: Demokratie ohne Alternative, Stuttgart 1972.

Bossle, Lothar: Allende und der europäische Sozialismus, Stuttgart 1975.

Bossle, Lothar: Soziologie des Sozialismus, Köln 1976.

Bossle, Lothar: Raum und Utopie als politische und gesellschaftliche Bindung und Imagination, in: Sorge um das Gleichgewicht, Würzburg 1976.

Bossle, Lothar: Der neue Mensch in einer neuen Gesellschaft – Eschatologie oder anthropologischer Irrationalismus, Aschaffenburg 1976.

Bossle, Lothar und Gerhard Goldberg: Die sozialwissenschaftliche Kritik am Begriff und der Erscheinungsweise des Faschismus, Würzburg 1978.

Bossle, Lothar: Leistung und Freizeit in der industriellen Gesellschaft, in: Stichwort: Freizeit, hrsg. von Georg Pust und Friedrich Wilhelm Scharper, Düsseldorf 1978.

Bravo, Douglas, Fidel Castro, Régis Debray und Ernesto Che Guevara u. a.: Lateinamerika – ein zweites Vietnam, Hamburg 1968.

Buber, Martin: Pfade in Utopia, Heidelberg 1950.

Bühl, Walter L.: Funktions- und Struktursoziologie von der Geschichte, München 1975.

Burkhardt, Lucius: Die Wohnkultur als Gegenstand der Soziologie, in: Der Monat, April 1960.

Clark, Colin: Der Mythos von der Überbevölkerung, Köln 1978.
Coffin, Tristan: Die Schildträger der freien Welt, Wien, Berlin, Stuttgart 1964.
Corte, Marcel de: Das Ende einer Kultur, München 1957.

Dahrendorf, Ralf: Vom Nutzen der Soziologie, in: Soziologie zwischen Theologie und Empirie, hrsg. von Willy Hochkeppel, München 1970.
Dettling, Warnfried: Demokratisierung – Wege und Irrwege, Köln 1974.
Dichter, Ernest: Strategie im Reich der Wünsche, München 1964.
Domes, Jürgen: Politik und Herrschaft in Rotchina, Stuttgart, Berlin, Köln, Mainz 1965.
Drekonia, Gerhard: Lateinamerikas Gegenutopie zu den Grenzen des Wachstums, in: E + Z – Entwicklung und Zusammenarbeit, Beiträge zur Entwicklungspolitik, Oktober 1974.

Eliade, Mircea: Die Sehnsucht nach dem Ursprung, Wien 1973.
Elias, Norbert: Zum Begriff des Alltags, in: Materialien zur Soziologie des Alltags, Kölner Zeitschrift für Soziologie und Sozialpsychologie, Sonderheft 20, 1978.
Eugen-Erdsiek, Edith: Leidenschaft zur Wahrheit, Erinnerungen an Edmund Husserl, in: FAZ, 15. Januar 1977.

Faul, Erwin: Der moderne Machiavellismus, Köln, Berlin 1961.
Feuerbach, Ludwig: Das Wesen der Religion, 1851.
Fiore, Quentin und Marshall McLuhan: Krieg und Frieden im globalen Dorf, Düsseldorf und Wien 1971.
Forster, Karl (Hrsg.): Religiös ohne Kirche, Mainz 1977.
Forsthoff, Ernst: Der Staat der Industriegesellschaft dargestellt am Beispiel der Bundesrepublik Deutschland, München, 2. Aufl. 1972.
Freyer, Hans: Soziologie als Wirklichkeitswissenschaft, 2. Aufl., Darmstadt 1964.
Freyer, Hans: Gedanken zur Industriegesellschaft, Mainz 1970.
Friedman, Yona: Machbare Utopien, Frankfurt 1977.
Friedrich, C. J.: Totalitäre Diktatur, Stuttgart 1967.
Friedrich, C. J.: Die Politische Wissenschaft, Freiburg 1961.
Früh, Franz: Probleme um afrikanische Politiker, in: Schwarzes Afrika, Göttingen 1961.
Fürstenberg, Friedrich: Religionssoziologie, 2. Aufl., Neuwied 1970.

Gehlen, Arnold: Die Chancen der Intellektuellen in der Industriegesellschaft, in: Neue Deutsche Hefte, Jhrg. 16, Heft 4.
Gehlen, Arnold: Über kulturelle Kristallisation, Bremen 1961.
Gehlen, Arnold: Erfahrungen aus zweiter Hand, in: Der Mensch als geschichtliches Wesen, Stuttgart 1974.
Gehlen, Arnold: Einblicke, Frankfurt 1975.
Gehlen, Arnold: Über Barbarei, in: Neue Deutsche Hefte, Nr. 15, Heft 1 1977.

Gerstenmeier, Eugen: Von Bolz bis zu Rommel und Baden-Württemberg im Kampf gegen Hitler, Stuttgart 1978.
Goldberg, Gerhard W.: Dritte Welt, Revolution, Masochismus, in: »Epoche«, München, März 1979.
Guardini, Romano: Siegmund Freud und die Erkenntnis der menschlichen Wirklichkeit, in: Sorge um den Menschen, Würzburg 1966.
Guattari, Félix: Wunsch und Revolution, Heidelberg 1978.

Haecker, Theodor: Was ist der Mensch? München 1949.
Hamm, Harry: Das Reich der 700 Millionen, Düsseldorf und Wien 1965.
Hartl, Hans: Nationalismus in Rot. Die partiotischen Wandlungen des Kommunismus in Südeuropa 1978.
Hartmann, Heinz: Moderne amerikanische Soziologie, 2. Aufl., Stuttgart 1973.
Hayek, Friedrich A. von: Der Weg zur Knechtschaft, 3. unveränderte Aufl., 1976.
Heimann, Eduard: Freiheit und Ordnung. Lehren aus dem Kriege, Berlin-Grunewald 1950.
Hennigsen, Manfred: Der Fall Amerika. Zur Sozial- und Bewußtseinsgeschichte einer Verdrängung. Das Amerika der Europäer, München 1974.
Hintze, Otto: Feudalismus – Kapitalismus, Göttingen 1970.
Hochkeppel, Willy: Mythos Philosophie, Hamburg 1976.
Höpker, Wolfgang: Das Militär als Retter? In: Deutsche Zeitung Nr. 38, 20. September 1974, S. 7.
Hofer, Walther: Wissenschaft im totalen Staat, München 1964.
Horkheimer, Max: Traditionelle und kritische Theorie, Frankfurt 1975.

Italiaander, Rolf: Terra dolorosa, Wiesbaden 1969.

Jasper, Karl: Die geistige Situation der Zeit (1931), Berlin 1965.

Kaufmann, Franz-Xaver: Theologie in soziologischer Sicht, Freiburg 1973.
Klages, Helmut: Geschichte der Soziologie, München 1969.
Kirsch, Botho: Sturm über Eurasien, Stuttgart 1971.
König, Franz Kardinal: Die Zukunft der Religion, in: Ordnung im sozialen Wandel. Festschrift für Johannes Messner, Berlin 1970.
König, René: Emile Durkheim zur Diskussion, München, Wien, 1978.
Krüger, Karl: Der Ostblock. Die Produktion des östlichen Wirtschaftsblockes einschließlich China nach dem Schwerpunktprogramm, Berlin 1960.
Kuhn, Helmut: Rebellion gegen die Freiheit. Über das Generationenproblem und die Jugendunruhen unserer Zeit, Stuttgart, Berlin, Köln, Mainz 1968.

Leisegang, Hans: Einführung in die Philosophie. 5. Aufl. Berlin 1963.
Lipset, Seymour M.: Soziologie der Demokratie, Neuwied, Berlin 1962.
Löwenthal, Richard: Vorwort in dem Buch von Boris Lewytzki: Die Marschälle und die Politik, Köln 1971.
Löwith, Karl: Weltgeschichte und Heilsgeschichte, Stuttgart 1953.
Lubac, Henri de: Die Tragödie des Humanismus ohne Gott, Salzburg 1949.
Lübbe, Hermann: Politische Philosophie in Deutschland, München 1974.
Lübbe, Hermann: Politischer Historismus. Zur Philosophie des Regionalismus, in: Politische Vierteljahresschrift, Mai 1979, Heft 1.
Lühr, Volker: Chile. Legalität, Legitimität und Bürgerkrieg, Neuwied und Darmstadt 1973.
Lüthy, Herbert: Der entgleiste Fortschritt, Zürich 1973.

Mannheim, Karl: Mensch und Gesellschaft im Zeitalter des Umbaus, Leiden 1935.
Mannheim, Karl: Wissenssoziologie, Darmstadt, Neuwied, 2. Aufl. 1970.
Man, Hendrik de: Der Kampf um die Arbeitsfreude, Jena 1927.
Man, Hendrik de: Vermassung und Kulturzerfall, Bern, München 1952.
Maier, J. und J. Rumney: Soziologie. Die Wissenschaft von der Gesellschaft, Nürnberg 1954.

Martin, Alfred von: Soziologie der Renaissance. 2. vermehrte Auflage, Frankfurt 1949.
Marx, Karl: Das Kapital, Bd. 1, Frankfurt 1967.
Matthöfer, Hans: Für die Mehrheit planen, in: Die Zeit, Nr. 52, 20. Dezember 1974.
Meadows, Dennis: Die Grenzen des Wachstums, Stuttgart 1972.
Mehnert, Klaus: Der Sowjetmensch, Stuttgart 1958.
Müller, Jonathan: Marshall McLuhan, München 1972.
Möbus, Gerhard: Die politischen Theorien von der Antike bis zur Renaissance, Politische Theorien Teil I, Köln und Opladen, 2. erweiterte Auflage, 1976.
Möbus, Gerhard: Behauptung ohne Beweis, Osnabrück 1961.
Möbus, Gerhard: Europäische Humanität als politische Formkraft, Osnabrück 1965.

Nachtsheim, Hans: Biologie im totalitären System, in: Hofer, Walther (Hrsg.), Wissenschaft im totalitären Staat, München 1964.
Nasser, Gamal: Die Philosophie der Revolution. Hrsg. und kommentiert von F. R. Allemann, Frankfurt 1958.
Neumeier, Eduard: Erneuerung von unten. Die Türkei sucht ein Ende der Generalsherrschaft, in: Die Zeit, 9. November 1973.
Neurohr, Jean: Der Mythos vom Dritten Reich, Stuttgart 1957.
Newman, Karl J.: Zerstörung und Selbstzerstörung der Demokratie, Europa 1918–1938, Köln, Berlin 1965.
Nieuwenhuys, Constant: Spielen oder töten. Bergisch Gladbach 1971.

Oppenheimer, Franz: Erlebtes, Erstrebtes, Erreichtes – Lebenserinnerungen, Düsseldorf 1964.
Ortega y Gasset, José: Der Aufstand der Massen, Reinbek 1960.
Orwell, George: Collected Essays, London 1961.
Otto, Volker: Das Staatsverständnis des Parlamentarischen Rates, hrsg. von der Kommission für Geschichte des Parlamentarismus und der politischen Parteien 1971.

Pannwitz, Rudolf: Aufgaben Europas. Vortrag, gehalten im Rahmen der »Geistigen Begegnungen in der Böttcherstraße« in Bremen am 21. September 1955, Bremen 1950.
Pascal, Blaise: Gedanken, Binfelden, Basel, o. J.
Pfleger, Karl: Glaubensrechenschaft eines alten Mannes, Frankfurt 1967.
Popper, Karl R.: Massenkultur – warum denn nicht? Rede zur Eröffnung der Salzburger Festspiele, 1979, abgedruckt in: Die Welt, 3. 9. 1979.

Portmann, Adolf: Die Ordnungen des Lebendigen, in: Eranos-Jahrbuch 1961, Zürich 1962.

Richter, Horst E.: Der Gotteskomplex, Reinbek 1979.
Ricour, Paul: Geschichte und Wahrheit, München 1974.
Riegel, Klaus-Georg: Der Sozialismus als Modernisierungsideologie, in: Kölner Zeitschrift für Soziologie und Sozialpsychologie, Heft 1, 31. Jg. 1979.
Riesman, David: Die einsame Masse, Reinbek o. J.
Rohrmoser, Günter: Das Elend der kritischen Theorie, 4. Aufl., Freiburg 1976.
Rosenstock-Huessy, Eugen: Der unbezahlbare Mensch, Berlin 1955.
Rostow, Walt: Stadien wirtschaftlichen Wachstums. Eine Alternative zur marxistischen Entwicklungstheorie, Göttingen 1967.

Schelsky, Helmut: Systemüberwindung, Demokratisierung, Gewaltenteilung, München, 2. Aufl. 1973.
Schelsky, Helmut: Die Arbeit tun die anderen, Köln 1975.
Schlangen, Wolfgang: Theorie und Ideologie des Totalitarismus, in: Politik als Gedanke und Tat, Mainz 1967.
Schmölders, Günter: Mit ruhigem Gewissen in den Staatsbankrott, in: Die Welt, 21. 7. 1979.
Schneider, Reinhold und Leopold Ziegler: Briefwechsel, München 1960.
Schoeck, Helmut: Die Soziologie und die Gesellschaften, Freiburg, München 1964.
Schrenck-Notzing, Caspar von: Demokratisierung, München, Wien 1972.
Schumpeter, Joseph, A.: Kapitalismus, Sozialismus und Demokratie, Bern o. J.
Shears, David: Wäre der Ayatollah Khomeini nicht, im Iran herrschte schon längst Bürgerkrieg, in: Die Welt, 22. 5. 1979.
Siebel, Wigand: Einführung in die systematische Soziologie, München 1974.
Simmel, Georg: Hauptprobleme der Philosophie, Berlin 1964; erstmals 1910 erschienen.
Singer, Ladislaus: Sowjetimperialismus, Stuttgart 1970.
Spaeman, Robert: Der Ursprung der Soziologie aus dem Geist der Restauration, München 1959.
Sperber, Mànes: Die Wasserträger Gottes, Wien 1974.
Spencer, Herbert: Einführung in die Soziologie, Köln und Opladen 1960.
Spengler, Oswald: Der Untergang des Abendlandes, München 1963.

Sombart, Nikolaus: Krise und Planung, Wien, Frankfurt, Zürich 1965.
Sradi, Nadim und Marion: Die Verfassung der VAR vom 25. März 1964, zur Herrschaftsstruktur des Nasser-Regimes, in: Verfassung und Recht in Übersee, 4. Heft 1970.
Stifter, Adalbert, Maß und Freiheit, Augsburg 1947.
Stoltenberg, H. L.: Geschichte der Soziologie, in: Handwörterbuch der Soziologie, hrsg. von Alfred Vierkandt, unveränderter Neudruck, Stuttgart 1959.
Supek, Rudi: Soziologie und Sozialismus, Freiburg 1970.

Thomas, Werner: Kuba. Die langweiligste Leerlauf-Gesellschaft Lateinamerikas, in: Die Welt, 3. 9. 1979.
Touraine, Alain: Soziologie als Handlungswissenschaft, Darmstadt, Neuwied o. J.
Toynbee, Arnold: Das Abendland muß abdanken, Interview mit dem britischen Geschichtsphilosophen und Moralisten, in: Deutsche Zeitung, 21. 12. 1973.
Troeltsch, Ernst: Kirche und Sekte, aus: Soziallehren der christlichen Kirchen, Tübingen 1912, Wiederabgedruckt in: Friedrich Fürstenberg (Hrsg.), Religionssoziologie, 2. Aufl., Neuwied 1970.

Vierkandt, Alfred (Hrsg.): Handwörterbuch der Soziologie, unveränderter Neudruck, Stuttgart 1959.
Voillaume, René: Mitten in der Welt, Charles de Foucauld und seine kleinen Brüder, Freiburg 1960.

Wagner, Friedrich: Weg und Abweg der Naturwissenschaft, München 1970.
Weber, Alfred: Mensch und Gesellschaft, in: Das Weltbild unserer Zeit, Nürnberg 1954.
Weber, Alfred: Einführung in die Soziologie, München 1955.
Weber, Max: Politik als Beruf, Berlin, 3. Aufl. 1958.
Weber, Wilhelm: in: Politische Denaturierung von Theolgie und Kult, Aschaffenburg 1979.
Wiese, Leopold von: Herbert Spencers Einführung in die Soziologie, Köln und Opladen 1960.
Wiese, Leopold von: Soziologie, 5. Aufl., Berlin 1954.
Wittfogel, Karl A.: Die orientalische Despotie, Köln, Berlin 1962.

Ziegenfuß, Werner: Wesen und Formen der Soziologie, in: Handbuch der Soziologie, hrsg.: ders., Stuttgart 1956.

Autorenverzeichnis

A
Adorno, Theodor   100, 101, 114, 116, 155
Albert, Hans   114, 116
Allemann, Fritz, R.   54, 55
Allende, Salvador   25, 31, 32, 52, 70, 88
Andrewski, Stanislaw   148, 158
Apter, David   61
Arendt, Hannah   39
Aristoteles   60
Aron, Raymond   13, 21, 51, 65, 72, 77, 79, 84, 85, 157, 159

B
Bacon, Francis   124
Bahr, Hans-Dieter   66, 72
Baier, Horst   154, 159
Bairoch, Paul   51
Bakunin, Michail   91
Balthasar, Urs von   103
Baran, Paul A.   59
Barth, Hans   127
Barth, Paul   162
Bauer, Otto   92, 93
Bauer, Gerhard   170
Behrendt, Richard F.   20, 22, 50, 61, 71, 134, 135
Bell, Daniel   170
Berglar, Peter   170
Bertaux, Pierre   135
Beyme, Klaus v.   61, 72
Blondel, Maurice   115, 116
Bieber, Horst   72
Boris, Dieter   55, 61
Boris, Elisabeth   55, 61

Borch, Herbert v. 170
Bossle, Lothar 29, 39, 79, 85, 96, 116, 127, 135, 146
Bravo, Douglas 55
Buber, Martin 36, 39, 72
Bühl, Walter L. 170
Burkhardt, Lucius 143, 146
Burckardt, Jacob 138, 156

C
Canterbury, Alexander von 110
Castro, Fidel 55
Clark, Colin 79
Coffin, Tristan 48
Comte, Auguste 65, 102, 111, 122, 138, 153, 155, 156, 157
Corte, Marcel de 170

D
Dahrendorf, Ralf 18, 22
Darwin, Charles 123, 132
Debray, Régis 55
Dery, Tibor 74
Dettling, Warnfried 72
Dichter, Ernest 142, 146
Domes, Jürgen 48
Drekonia, Gerhard 72
Durkheim, Emile 156, 157

E
Eliade, Mircea 80, 85
Elias, Norbert 150, 158
Ellul, Jacques 13
Engels, Friedrich 91
Eugen-Erdsiek, Edith 112, 116

F
Faul, Erwin 29
Feuerbach, Ludwig 120, 121, 122, 127
Fiore, Quentin 72
Forster, Karl 103
Forsthoff, Ernst 39
Foucauld, Charles de 143
Frank, André G. 59
Fraenkel, Ernst 39
Frei, Eduardo 31
Freud, Sigmund 123, 142

Freyer, Hans 19, 22, 62, 71, 112, 116, 134
Friedmann, Yona 18, 22
Früh, Franz 39
Fürstenberg, Friedrich 109

G
Gehlen, Arnold 20, 28, 29, 63, 109, 125, 126, 127, 137, 146, 170
Gerstenmeier, Eugen 74, 79
Goldberg, Gerhard W. 79, 90, 96
Guardini, Romano 108, 123, 127, 158
Guattari, Félix 150, 158
Guevara, Ernest Che 53, 55

H
Habe, Hans 64
Habermas, Jürgen 72
Haecker, Theodor 131, 135, 140, 146
Hamm, Harry 48
Hartl, Hans 48
Hartmann, Heinz 157, 159
Hayek, Friedrich A. v. 138, 146
Hegel, Georg F. 111, 167
Heidegger, Martin 112
Heimann, Eduard 118, 121
Hennigsen, Manfred 61
Herberts, Kurt 13
Hilferding, Rudolf 92
Hintze, Otto 60, 61
Hitler, Adolf 10, 32, 33, 35, 74, 75, 88, 118, 140
Hochkeppel, Willy 116
Höpker, Wolfgang 48
Hofer, Walther 135
Horkheimer, Max 71, 100, 101, 116, 153
Husserl, Edmund 112, 116

I
Italiaander, Rolf 29

J
Jaspers, Karl 61, 72, 134
Jonas, Friedrich 154

K
Kant, Immanuel 132
Kaser, Michael 155

Kaufmann, Franz-Xaver 120, 121
Keyserling, Franz-Xaver 120, 121
Klages, Helmut 155, 159
Kirsch, Botho 46, 48
König, Franz, Kardinal 103, 109
König, René 156, 159
Krüger, Karl 55
Kuhn, Helmut 83, 85

L
Leisegang, Hans 121
Lipset, Seymour M. 60, 61
Löwenthal, Richard 46, 48
Löwith, Karl 167, 170
Lubac, Henri de 130, 135
Lübbe, Hermann 111, 116, 161, 170
Lühr, Volker 51, 61, 72
Lukàcs, Georg 9
Lüthy, Herbert 89, 96
Luxemburg, Rosa 92, 93

M
Mannheim, Karl 100, 101, 107, 109, 157
Man, Hendrik de 146, 165, 170
Marcuse, Herbert 72, 166
Martin, Alfred v. 156, 159
Marx, Karl 35, 36, 60, 65, 79, 86, 91, 92, 111, 114, 130, 135, 146, 154, 155, 156
Matthöfer, Hans 61
McLuhan, Marshall 69, 72
Meadows, Dennis 72
Mehnert, Klaus 135
Miller, Jonathan 72
Mills, C. Wright 18, 39
Möbus, Gerhard 51, 121, 158
Monnerot, Jules 118, 121
Monod, Jacques 63
Moynihan, David Patrick 90

N
Nachtsheim, Hans 135
Nasser, Gamal 43, 44, 48
Neumeier, Eduard 48
Neurohr, Jean 39

Newman, Karl, J. 39
Nieuwenhuys, Constant 69, 72

O
Occam, Wilhelm 110
Oeris, Istvan 9
Oppenheimer, Franz 59, 61
Orwell, Georges 88, 96, 133
Ortega y Gasset, José 75, 79
Otto, Volker 39

P
Pannwitz, Rudolf 68, 72
Pareto, Vilfredo 157
Pascal, Blaise 103, 108
Perón, Juan 24
Pfleger, Karl 103, 109
Picht, Georg 18
Popper, Karl 114, 165, 170
Portmann, Alfred 134, 135, 151, 158

Q
Quispel, Gilles 10

R
Richter, Horst E. 165, 170
Ricour, Paul 169
Riegel, Klaus-Georg 29, 158
Riesman, David 18, 28, 76, 79
Rohrmoser, Günter 101, 158
Rosenstock-Huessy, Eugen 141, 146
Rostow, Walt W. 50

S
Saint-Simon 19
Schelsky, Helmut 12, 72, 85, 124, 127, 157
Schlangen, Wolfgang 39
Schmidt, Alfons 101
Schmölders, Günther 151, 158
Schneider, Reinhold 145, 152, 158
Schoeck, Helmut 155, 159
Schrenck-Notzing, Caspar von 72, 85
Shears, David 96
Siebel, Wigand 170
Simmel, Georg 115, 116, 157

Singer, Ladislaus 48
Spaemann, Robert 156, 159
Sperber, Manès 75, 79
Spencer, Herbert 71, 156
Spengler, Oswald 21, 22, 73, 79
Spranger, Eduard 103
Sombart, Norbert 22
Sombart, Werner 155
Sorel, Georges 124
Sradi, Marion 48
Sradi, Nadim 48
Stalin 10, 75, 88
Stammer, Otto 109
Stifter, Adalbert 151, 158
Stoltenberg, H. L. 159
Stucki, Lorenz 42, 48
Supek, Rudi 153, 158

T
Thiess, Frank 10
Thomas, Werner 170
Thukydides 153
Tocqueville, Alexander 84
Tönnies, Ferdinand 157
Touraine, Alain 13, 101
Toynbee, Arnold 69, 72
Troeltsch, Ernst 105, 109

V
Vierkandt, Alfred 156, 157
Voillaume, René 143, 146

W
Wagner, Friedrich 127
Weber, Alfred 71, 157, 168, 170
Weber, Max 60, 88, 96, 108, 109, 157
Weber, Wilhelm 121
Weizsäcker, Carl F. von 9
Wiese, Leopold von 71, 155, 157, 158
Wittfogel, Karl A. 36, 39

Z
Ziegenfuß, Werner 149, 158
Ziegler, Leopold 152

Sachverzeichnis

A
Abbruchgesellschaft 23
Abschirmungsstrategie 26
Äthiopien 23, 26
Afghanistan 23
Afrika 44
Algerien 40
Akkumulationsenergie 21
Aktionslehre 102
Anpassung 128
Anthropologie 120, 123, 131, 137, 153
Angola 23
Arbeit 136 f.
Argentinien 24
Armee 40, 47
Asien 44
Aufklärung 155, 167
Auslese 128
Australien 80

B
Bevölkerungswachstum 77
Bolivien 45, 57
Bolschewismus 23
Brasilien 45
Bundesrepublik Deutschland 34

C
Chile 25, 31 f., 42, 45, 52, 58, 94
Christentum 119

D
Darwinismus 126
Demokratie 23, 24, 27 f., 31 f., 45, 47, 49, 78, 81 f., 92, 94, 106
Demokratieforschung 107
Demokratiekritik 27
Demokratiemodell 33
Demokratiegeschichte 160
Desintegration 63
Denken 66
Deutschland 25, 32, 35, 58, 82, 149
Diagnose 148
Dialektik 161
Diktatur 24, 27, 34, 37, 40
Dreistadiengesetz 65
Dritte Welt 30, 31, 46, 55, 68, 78, 82, 94
Dynamik 20, 22, 55, 64, 90, 168

E
Ecuador 57
Emanzipation 36, 77, 90, 106, 137, 140 f
Emanzipationsideologie 96
England 24
Entmassung 77
Entwicklungsdiktatur 37, 38, 40
Entwicklungsländer 61
Erscheinungswelt 21
Erkenntnis 100, 111, 115, 150 f.
Erkenntnislehre 111
Erkenntnistheorie 100
Erziehung 145
Erziehungsdiktatur 37, 40
Eschatologie 18, 21
Erster Weltkrieg 23, 93
Europa 25, 38, 47, 58, 63, 67, 73, 78, 80, 137
Existentialität 65

F
Faschismus 90
Familie 106
Familiensoziologie 155
Fortschritt 20 f., 73, 78, 89, 130, 134, 169
Fortschrittsdynamik 23
Fortschrittsglaube 138, 169
Fortschrittsidee 167

Fortschrittsideologie 77, 160
Fortschrittstendenz 89
Frankreich 24, 34, 38, 58, 94
Freiheit 30, 76 f., 83, 133, 160 f.
Freizeit 142
Frühliberalismus 138

G
Gebilde 65
Generation 89
Geistesgeschichte 17
Geisteswissenschaft 108, 147
Geschichte 20, 22, 89, 130, 149, 152, 160, 163
Geschichtsbewußtsein 167
Geschichtssoziologie 155, 161 f., 169
Gesellschaft 41, 105, 132 f., 169
Gesellschaft, agrarische 140
Gesellschaftsprozeß 169
Gesetz 22
Gesetzmäßigkeit 22
Gewalttheorie 91
Griechenland 26
Großstadt 54
Guerillakrieg 53
Guerillastrategien 54

H
Handeln 66
Handlungswissenschaft 99, 110, 117
Heilslehre 65

I
Idealismus 105
Idee 28, 76
Ideologie 22, 25, 28, 29, 44, 74, 76, 83, 94, 99, 119, 128, 129, 148
Imperialismus 79
Industrialisierung 35, 50, 133
Industriegesellschaft 19, 49, 61, 67, 75 f., 83, 102, 139 f., 144, 152
Industrieland 35, 61
Industriestaat 46
Informationstheorie 77
Institution 40, 41, 44, 45, 103
Integration 102, 138, 141, 145
Irrationalität 166

Italien 82
Iran 23
Irland 23

J
Jugendkult 80
Jugendreligion 81

K
Kanada 80
Katastrophe 19
Kemalismus 37
Kommunismus 37
Kolonialmacht 30
Konstitutionalismus 32
Kontinuität 27, 33, 37
Korea 47
Krise 19
Kristallisation, kulturelle 20
Kritische Theorie 100, 114
Kultur 38, 149, 161, 163 f.
Kultur, europäische 38
Kulturentwicklung 166
Kulturprozeß 169
Kultursoziologie 161 f.
Kunst 143, 164

L
Labilität 28
Lateinamerika 24, 25, 42, 52 f., 56, 58 f., 67
Leninismus 82
Leistungsgesellschaft 77, 150
Lerntheorie 77
Liberalismus 107
Libanon 23

M
Machtsphäre 29
Machtwechsel 40
Marxismus 82, 83, 86, 114, 132, 153 f.
Massengesellschaft 56, 79, 124
Massenverhalten 74
Materialismus 115, 122, 130

Mensch 66, 67, 68, 74, 84, 90, 94, 119, 129, 131, 134, 140 f. 168 f.
Menschheit 133
Metaphysik 65
Methode 58, 151
Milieutheorie 88
Militär 45
Militärdiktatur 44, 45, 49
Militärherrschaft 41
Militärjunta 26, 32, 41, 45
Mittelschicht 41
Monarchie 26
Mythologie 18
Mythos 23, 41, 51, 64, 148

N
Nationalismus 38
Nationalsozialismus 37, 107, 125
Natur 145
Naturalismus 122
Naturwissenschaft 108, 147
Naturphilosophie 142
Neuseeland 80
Nord-Süd-Gefälle 24
Notstandsgesetz 27

O
Österreich 149
Ontologie 110
Oktoberrevolution 23, 53
Organisation 150 f.
Osten 24
Osteuropa 24, 26

P
Persönlichkeit 102
Peru 45, 57
Phänomenologie 112
Philosophie 86, 100, 108, 110 f., 117, 122, 124
Plebiszit 32 f.
Polen 26
Politik 99, 149
Portugal 23, 94
Positivismus 111
Positivismusstreit 114

Praxis 150 f.
Produktionsprozeß 66
Proletariat 65, 92, 93
Protestantismus 104
Psychoanalyse 123
Psychologie 126

R
Räterepublik 53
Rationalität 165, 169
Religion 165
Reform 84
Revolution 20, 26, 87, 89, 93
Revolutionsforschung 88
Revolutionstheorie 87
Revolutionsstrategie 90 f.
Rotchina 46
Rückgangsgesellschaft 23
Rußland 35, 85

S
Schicht, soziale 35
Schicksal 19
Somaliland 26
Sowjetunion 24, 26, 29, 46 f.
Sozialismus 25, 26, 29, 30, 35, 53, 66, 83, 86, 90, 94, 104, 153
Sozialdarwinismus 123 f.
Sozialforschung, empirische 110
Sozialreligion 106
Sozialwissenschaft 18, 22, 58, 94, 100, 118, 131, 147, 149
Soziologie 18, 87, 94, 100, 102, 105 f., 117, 124, 152 f., 162
Soziologie, empirische 66
Soziologie, negative 149
Sprachsoziologie 155
Spanien 23, 58, 94
Staatsform 28
Stabilität 27, 33, 37, 45, 76, 78
Ständegesellschaft 137
Strategie 27, 28
Subkultur 80, 149
Südamerika 42, 44, 56
Südeuropa 24
Südosteuropa 46

System 23, 74, 151
System, autoritäres 27
System, demokratisches 51
System, politisches 23, 24, 26, 28, 29, 45, 47, 84
System, soziales 23, 24, 26, 28, 41
System, totalitäres 74, 81
Systembruch 51, 52
Systemkontinuität 34
Systemwandel 43
Systemwechsel 23

T
Technologie 49, 144
Therapie 148
Terrorismus 91
Theologie 20, 100, 108, 117, 119, 124
Theorie 19, 22, 76, 87, 105, 130, 137, 142, 150, 160 f.
Totalitarismus 30, 35, 129, 160
Totalität 67
Totaltheorie 65, 66
Tschechoslowakei 26
Tradition 80, 118
Transformation 29, 123
Transformationsstrategie 92 ff.
Transformationstechnik 83
Transzendenz 108, 118, 120
Türkei 37

U
Übergangsgesellschaft 23
Umsturztechnik 94
Umsturzstrategie 89
Ungarn 26
Uruguay 45
USA 30, 56, 58, 80
Utopie 19, 43, 79, 128, 130, 132, 148, 160, 169

V
Verfassungsdemokratie 41
Verfassungsform 49
Verfassungsmodell 33
Vermassung 77
Vietnam 94

Volksfrontbündnis 94
Volksfrontregime 32, 70

W
Wachstumsbegrenzung 68
Wandel 21
Weimarer Republik 32
Weltgeschichte 19, 160
Weltreligion 119
Wert 106, 126, 133
Werturteilsfreiheit 110
Wertziel 55
Wesen 130
Westen 24, 151
Wirklichkeitswissenschaft 112
Wirtschaft 51
Wirtschaftswachstum 76, 100
Wissenschaft 73, 108, 112 f., 118, 123, 126, 144, 147 f, 165
Wissenschaftsgeschichte 126
Wissenssoziologie 155

Z
Zeitalter, industrielles 107, 143
Zeitalter, technisches 63
Zeitgeist 118
Ziele, demokratische 93
Zivilisationsprozeß 169
Zweiter Weltkrieg 23, 47